Basiswortschatz
Business English

Die 2000 wichtigsten Wörter

Patricia McBride

compact

Bisher sind in dieser Reihe erschienen:

- Basiswortschatz Business English
- Basiswortschatz Business Spanisch
- Basiswortschatz Deutsch
- Basiswortschatz Englisch
- Basiswortschatz Französisch
- Basiswortschatz Italienisch
- Basiswortschatz Spanisch

Baierbrunner Straße 27, 81379 München
Ausgabe 2017

Redaktion: Helga Aichele
Fachkorrektur: Fiona Cain
Produktion: Ute Hausleiter
Titelabbildungen: shutterstock.com: Lisa Kolbasa, Milenna, paulrommer
Gestaltung: Axel Ganguin; satz-studio GmbH
Umschlaggestaltung: red.sign GbR, Stuttgart

ISBN 978-3-8174-1630-1
381741630/1

www.compactverlag.de

Vorwort

Der Basiswortschatz richtet sich an alle, die ihre Englischkenntnisse für den Beruf schnell erweitern oder wieder auffrischen wollen. Ob Besprechungen und Konferenzen, Marketing und Werbung oder Rechnungswesen: In 13 thematisch gegliederten Kapiteln finden Sie den wichtigsten Wortschatz aus allen Bereichen des Business English: Zahlreiche Beispielsätze geben Aufschluss über die korrekte Verwendung der Vokabeln. Passend dazu erläutern Infokästen sprachliche Besonderheiten und landestypische geschäftliche Umgangsformen. Darüber hinaus erfahren Sie, von welchen „falschen Freunden" Sie sich im Englischen nicht täuschen lassen dürfen.

Unterschiede zwischen britischem und amerikanischem Wortschatz sind gekennzeichnet. Verben sind in der Infinitivform ohne „to" angegeben.

Am Ende der Wortschatzkapitel finden Sie übersichtliche Darstellungen zu Maßen und Gewichten, Buchstabieralphabeten sowie Rechtsformen. Ein alphabetisches Register aller englischen und deutschen Stichwörter erleichtert das gezielte Nachschlagen.

Die übersichtliche thematische Gliederung, das handliche Format und die Aussprachehilfen in der internationalen Lautschrift machen diesen Basiswortschatz zu einem praktischen Nachschlagewerk, das Ihnen hilft, sich in allen Situationen des geschäftlichen Lebens zu verständigen und kompetent aufzutreten.

Viel Spaß und Erfolg mit Englisch im Berufsalltag!

Abkürzungsverzeichnis

AE	American English
BE	British English
fam	umgangssprachlich
fig	bildlich
o.s.	oneself
pl	Plural
sb.	somebody
sth.	something

Lautschriftübersicht

Aussprache

Im Englischen wird kaum ein Wort so ausgesprochen wie es geschrieben wird. Damit Sie sich beim Lernen der Begriffe die englische Aussprache gleich richtig einprägen können, finden Sie die Aussprachehilfe direkt hinter dem Stichwort. Angegeben ist dabei die britische Aussprache in internationaler Lautschrift.

Das Betonungszeichen (') steht jeweils vor der Silbe, die betont werden muss.

Konsonanten

Baum	b	big
denn	d	day
fünf, vier	f	fish, photo
gut	g	get
Hemd	h	hat
ja, Million	j	yes
Kind	k	keep, cat
Lob	l	life
mir	m	me
nein	n	no, knit
links, lang	ŋ	hang
Post, ab	p	pass
Rand	r	road
nass, besser	s	sun, cellar
Schule, Sturm	ʃ	shot
Tisch, Sand	t	tap
Matsch	tʃ	chair
	θ	think
	ð	that
Weg	v	vote
	w	wish
lachen	x	
sein	z	zoo, is
Genie	ʒ	pleasure
Dschungel	dʒ	edge, jam

Vokale

	ɑː	jar, heart
	æ	back
egal	e	yes
gefallen	ə	above
	ɜː	turn, whirl
ist	ɪ	if
Liebe	iː	be, meet
	ɔː	short, warm
	ɒ	dog
Zug	uː	blue, mood
	ʊ	put, hood, would
	ʌ	run, shove

Doppelvokale

heiß	aɪ	by, buy, lie
Rauch	aʊ	round, now
	eɪ	late, day
	eə	chair, stare
	əʊ	mow, go
	ɪə	near, here
Freude	ɔɪ	joy, boil
	ʊə	sure, pure

1. Unternehmensformen

company ['kʌmpənɪ]	Firma, Unternehmen, Gesellschaft
company car ['kʌmpənɪ kɑː]	Firmenwagen
firm [fɜːm]	Firma, Unternehmen
business ['bɪznɪs]	Geschäft, Unternehmen
Our business is very profitable.	Unser Geschäft ist sehr rentabel.
business administration [bɪznɪs ədmɪnɪ'streɪʃən]	Betriebswirtschaftslehre
do business [duː 'bɪznɪs]	Geschäfte machen
We do a lot of business with China.	Wir machen viele Geschäfte mit China.

> Es ist manchmal schwierig, zwischen *to do* und *to make* zu unterscheiden. Man sagt *do business,* aber *make an appointment* (einen Termin vereinbaren).
>
> *do a job* — arbeiten, einen Job erledigen
> *make progress* — Fortschritte machen

run a business [rʌn ə 'bɪznɪs]	ein Geschäft führen
go out of business [gəʊ aʊt əv 'bɪznɪs]	ein Geschäft aufgeben, Bankrott machen
businessman ['bɪznɪsmən]	Geschäftsmann, Kaufmann
businesswoman ['bɪznɪswʊmən]	Geschäftsfrau, Kauffrau
She is a very successful businesswoman.	Sie ist eine sehr erfolgreiche Geschäftsfrau.
corporation [kɔːpə'reɪʃən]	Gesellschaft
corporate ['kɔːpərət]	Unternehmens…, Firmen…
Corporate social responsibility has become an important topic.	Die soziale Verantwortung von Unternehmen ist zu einem wichtigen Thema geworden.
enterprise ['entəpraɪz]	Unternehmen, Unternehmung
entrepreneur [ɒntrəprə'nɜː]	Unternehmer(in)
multinational company [mʌltɪ'næʃənl 'kʌmpənɪ]	multinationales Unternehmen
parent company ['peərənt 'kʌmpənɪ]	Muttergesellschaft, Stammhaus

subsidiary [səb'sɪdɪərɪ]	Tochter…, Neben…, Tochtergesellschaft
We recently sold one of our subsidiaries.	Wir haben kürzlich eine unserer Tochtergesellschaften verkauft.
set up a subsidiary [set ʌp ə səb'sɪdɪərɪ]	eine Tochtergesellschaft gründen
wholly-owned subsidiary ['həʊlɪəʊnd səb'sɪdɪərɪ]	hundertprozentige Tochtergesellschaft
holding company ['həʊldɪŋ 'kʌmpənɪ]	Dachgesellschaft
private limited company (Ltd.) ['praɪvət 'lɪmɪtɪd 'kʌmpənɪ]	Gesellschaft mit beschränkter Haftung (GmbH)
public limited company (plc) *BE* ['pʌblɪk 'lɪmɪtɪd 'kʌmpənɪ], **(stock) corporation** *AE* ['stɒk kɔːpə'reɪʃn]	Aktiengesellschaft (AG)
partnership ['pɑːtnəʃɪp]	Partnerschaft, Personengesellschaft
We are involved in partnerships with numerous other firms.	Wir haben Partnerschaften mit zahlreichen anderen Firmen.
limited partnership ['lɪmɪtɪd 'pɑːtnəʃɪp]	Kommanditgesellschaft (KG)
own [əʊn]	besitzen, haben
owner ['əʊnə]	Besitzer(in), Inhaber(in)
co-owner [kəʊ'əʊnə]	Mitinhaber(in)
proprietor [prə'praɪətə]	Besitzer(in), Eigentümer(in)
commerce ['kɒmɜːs]	Handel
trade [treɪd]	Handel, Gewerbe, handeln
Our firm trades in leather goods.	Unsere Firma handelt in Lederwaren.
trading partner ['treɪdɪŋ 'pɑːtnə]	Handelspartner(in)
tradesman ['treɪdzmən]	Händler, Handwerker
customer ['kʌstəmə]	Kunde/Kundin
client ['klaɪənt]	Kunde/Kundin

i *Client* und *customer* werden beide mit „Kunde“ übersetzt. *Client* wird eher im Dienstleistungsbereich verwendet, z.B. hat ein Rechtsanwalt einen *client*. Der Handel spricht dagegen vom *customer*.

retailer [ˈriːteɪlə]	Einzelhändler(in)
They are a major food retailer.	Sie sind ein großer Lebensmitteleinzelhändler.
retailing [ˈriːteɪlɪŋ]	Einzelhandel
wholesale [ˈhəʊlseɪl]	Großhandel, Großhandels…
wholesale market [ˈhəʊlseɪl ˈmɑːkɪt]	Großmarkt
wholesaler [ˈhəʊlseɪlə]	Großhändler(in), Grossist(in)
industry [ˈɪndəstrɪ]	Industrie
car industry [kɑː ˈɪndəstrɪ]	Automobilindustrie

2. Personal und Abteilungen

personnel [pɜːsəˈnel]	Personal, Belegschaft
She works in the personnel department.	Sie arbeitet in der Personalabteilung.

> Achtung: *Personnel* und *personal* darf man nicht verwechseln. *Personnel* oder *staff* bedeuten „Personal", *personal* dagegen bedeutet „privat, persönlich".
> *He makes a personal call.* — Er führt ein privates Telefonat.

human resources *pl* [ˈhjuːmən rəˈsɔːsɪz]	Humankapital, Personalabteilung
staff [stɑːf]	Personal, Mitarbeiter
director [daɪˈrektə]	Leiter(in), Aufsichtsratsmitglied
board of directors [bɔːd əv daɪˈrektəz]	Direktion, Vorstand
managing director [ˈmænɪdʒɪŋ daɪˈrektə]	Generaldirektor(in), Geschäftsführer(in), Vorstandsvorsitzende(r)
member [ˈmembə]	Mitglied
board member [bɔːd ˈmembə]	Vorstandsmitglied
chair [tʃeə]	Vorsitz, den Vorsitz haben, leiten
The managing director will chair today's meeting.	Der Geschäftsführer wird bei der heutigen Sitzung den Vorsitz haben.
chairman [ˈtʃeəmən]	Vorsitzender

> In zusammengesetzten Berufsbezeichnungen (z.B. *policeman, fireman*) wird heutzutage *-man* vermieden, um nicht diskriminierend gegen Frauen zu sein. Stattdessen verwendet man neutrale Bezeichnungen, z.B. *chairperson, police officer* oder *firefighter*.

chairwoman ['tʃeəwʊmən]	Vorsitzende
chairperson of the board ['tʃeəpɜːsn əv ðə bɔːd]	Vorstandsvorsitzende(r)
supervisory board [suːpə'vaɪzərɪ bɔːd]	Aufsichtsrat
German plcs are required to have a supervisory board.	Deutsche AGs müssen einen Aufsichtsrat haben.
chairperson of the supervisory board ['tʃeəpɜːsn əv ðə suːpə'vaɪzərɪ bɔːd]	Aufsichtsratsvorsitzende(r)
executive [ɪg'zekjʊtɪv]	leitende(r) Angestellte(r)
chief executive officer (CEO) *AE* [tʃiːf ɪg'zekjʊtɪv 'ɒfɪsə]	Generaldirektor(in)
administration [ədmɪnɪ'streɪʃən]	Verwaltung, Regierung
administrator [ədmɪnɪ'streɪtə]	Verwalter(in), Sachbearbeiter(in)
management ['mænɪdʒmənt]	Unternehmensführung, (Geschäfts-)Leitung

> Einige zusammengesetzte Substantive mit *management*:
>
> | | |
> |---|---|
> | *quality management* | Qualitätsmanagement |
> | *middle management* | mittlere Führungsebene |
> | *senior management* | Führungsstab |

manager ['mænɪdʒə]	(Abteilungs-)Leiter(in), Geschäftsführer(in)
managerial [mænə'dʒɪərɪəl]	Führungs…, leitend
department [dɪ'pɑːtmənt]	Abteilung
division [dɪ'vɪʒən]	Abteilung, Geschäftsbereich
be in charge of [biː ɪn 'tʃɑːdʒ əv]	zuständig/verantwortlich sein für
be headed by [biː 'hedɪd baɪ]	geleitet werden von

supervisor ['su:pəvaɪzə]	Vorgesetzte(r), Leiter(in)
You will work closely with your supervisor.	Sie werden eng mit Ihrem Vorgesetzten zusammenarbeiten.
supervise ['su:pəvaɪz]	beaufsichtigen, überwachen
spokesperson ['spəʊkspɜ:sn]	Sprecher(in)
A spokesperson denied the allegations.	Ein Sprecher bestritt die Vorwürfe.
boss [bɒs]	Chef(in)
deputy ['depjʊtɪ]	Stellvertreter(in)
stand in for [stænd 'ɪn fɔ:]	jdn. vertreten
secretary ['sekrətrɪ]	Sekretär(in)

> Statt *secretary* wird heute bevorzugt *office manager, office assistant* oder *personal assistant* verwendet. Wenn Sie sagen möchten, dass Sie die Sekretärin von Herrn Müller sind, heißt es: *personal assistant to Mr Müller.*

clerk [klɑ:k]	Büroangestellte(r), *AE*: Verkäufer(in)
clerical assistant ['klerɪkl ə'sɪstənt]	Büroangestellte(r)
officer ['ɒfɪsə]	Beamter/Beamtin
field work ['fi:ld wɜ:k]	Außendienst
marketing ['mɑ:kɪtɪŋ]	Marketing, Absatzwirtschaft
He works as a marketing assistant.	Er arbeitet als Assistent im Marketingbereich.
sales force ['seɪlz fɔ:s]	Vertriebspersonal, Außendienst
Our sales force is highly motivated.	Unsere Vertriebsmitarbeiter sind hoch motiviert.
sales person ['seɪlz pɜ:sn]	Verkäufer(in)
sales rep ['seɪlz rep]	Vertreter(in)
specialist ['speʃəlɪst]	Fachmann/Fachfrau, Spezialist(in)
specialized ['speʃəlaɪzd]	spezialisiert, Fach...
specialize in sth. ['speʃəlaɪz ɪn 'sʌmθɪŋ]	sich spezialisieren auf
We specialize in American holidays.	Wir spezialisieren uns auf Amerika-Reisen.
consultant [kən'sʌltənt]	Berater(in), Gutachter(in)

engage a consultant [ɪn'geɪdʒ ə kən'sʌltənt]	einen Berater anheuern
financial consultant [faɪ'nænʃl kən'sʌltənt]	Finanzberater(in)
management consultant ['mænɪdʒmənt kən'sʌltənt]	Unternehmensberater(in)
advise [əd'vaɪz]	(be)raten, empfehlen
adviser [əd'vaɪzə]	Berater(in)
tax adviser [tæks əd'vaɪzə]	Steuerberater(in)
subordinate [sə'bɔːdɪnət]	Mitarbeiter(in), Untergebene(r)
civil servant ['sɪvəl 'sɜːvənt]	Beamter/Beamtin
engineer [endʒɪ'nɪə]	Ingenieur(in), Techniker(in)

3. Standort

location [ləʊ'keɪʃən]	Standort, Lage
be located [biː ləʊ'keɪtɪd]	sich befinden
Our headquarters are located in the city centre.	Unsere Zentrale befindet sich im Stadtzentrum.
relocate [riːləʊ'keɪt]	den Standort wechseln, umziehen
premises *pl* ['premɪsɪz]	Grundstück, Gelände, Räumlichkeiten
property ['prɒpətɪ]	Eigentum, (Grund-)Besitz, Eigenschaft
site [saɪt]	Standort, Gelände
industrial site [ɪn'dʌstrɪəl saɪt]	Industriegelände
headquarters *pl* ['hedkwɔːtəz]	Zentrale, Hauptsitz
Their headquarters are in London.	Ihre Zentrale ist in London.
head office [hed 'ɒfɪs]	Zentrale, Hauptgeschäftsstelle
branch [brɑːntʃ]	Zweig, Niederlassung, Filiale
branch office [brɑːntʃ 'ɒfɪs]	Zweigstelle
open a branch ['əʊpən ə brɑːntʃ]	eine Filiale eröffnen
close (down) a branch ['kləʊs ('daʊn) ə brɑːntʃ]	eine Filiale schließen
plant [plɑːnt]	Werk, Anlage
facility [fə'sɪlətɪ]	Einrichtung, Anlage
factory ['fæktrɪ]	Fabrik

1. Geschäftsräume

office [ˈɒfɪs]	Büro
open-plan office [ˈəʊpənplæn ˈɒfɪs]	Großraumbüro
I work in an open-plan office.	Ich arbeite in einem Großraumbüro.
partition wall [pɑːˈtɪʃən wɔːl]	Trennwand
reception [rɪˈsepʃən]	Empfang
conference room [ˈkɒnfərəns ruːm]	Konferenzraum
floor [flɔː]	Etage, Stock(werk)

Bei *floor* muss man zwischen britischem und amerikanischem Englisch unterscheiden, da sich für Briten die erste Etage *(first floor)* eine Etage über dem Erdgeschoss befindet. Für Amerikaner dagegen ist das Erdgeschoss schon *first floor.*

lift *BE* [lɪft], **elevator** *AE* [ˈeləveɪtə]	Aufzug
staff canteen [stɑːf kænˈtiːn]	Kantine
office storeroom [ˈɒfɪs ˈstɔːruːm]	Lager(raum) für Büromaterial
office staff [ˈɒfɪs stɑːf]	Büropersonal
administrative staff [ədˈmɪnɪstrətɪv stɑːf]	Verwaltungspersonal
caretaker *BE* [ˈkeəteɪkə]	Hausmeister

Im britischen Englisch wird Hausmeister normalerweise mit *caretaker* übersetzt. Im Amerikanischen spricht man gewöhnlich vom *janitor.*

office hours *pl* [ˈɒfɪs ˈaʊəz]	Geschäftszeit, Öffnungszeiten
hours of business *pl* [ˈaʊəz əv ˈbɪznɪs]	Geschäftszeiten

Hours of business in Großbritannien unterscheiden sich von deutschen Geschäftszeiten. Im Büro arbeitet man von 9 Uhr bis 17 Uhr. Im Durchschnitt arbeiten die Briten länger als andere europäische Länder. Supermärkte haben oft bis Mitternacht geöffnet und auch am Sonntag kann man einkaufen gehen.

2. Büroausstattung

office supplies *pl* [ˈɒfɪs səˈplaɪs]	Bürobedarf
filing cabinet	Aktenschrank
desk [desk]	Schreibtisch

> *i* In Zeiten von Teilzeitarbeit, Jobsharing und Gleitzeit teilen sich zwei oder mehr Angestellte den gleichen Arbeitsbereich und Schreibtisch. Dies nennt man *hot desking.*

cupboard [ˈkʌbəd]	Schrank
bookcase [ˈbʊkkeɪs]	Bücherregal
chair [tʃeə]	Stuhl
swivel chair [ˈswɪvl tʃeə]	Drehstuhl
shelf [ʃelf]	Regal
folder [ˈfəʊldə]	Mappe, Ordner, Schnellhefter
desk lamp [ˈdesk læmp]	Schreibtischlampe
stamp [stæmp]	Stempel
ink-pad [ˈɪŋkpæd]	Stempelkissen
notepad [ˈnəʊtpæd]	Notizblock
pencil [ˈpensɪl]	Bleistift
pen [pen]	Kugelschreiber
highlighter [ˈhaɪlaɪtə]	Textmarker
envelope [ˈenvələʊp]	Briefumschlag
Do you have any A4 envelopes left?	Haben Sie noch A4 Briefumschläge?
headed paper [ˈhedɪd ˈpeɪpə]	Papier mit Briefkopf
Please use headed paper for all letters.	Bitte verwenden Sie für alle Briefe das Papier mit Briefkopf.
paper clip [ˈpeɪpə klɪp]	Büroklammer
stapler [ˈsteɪplə]	Hefter
hole punch [ˈhəʊl pʌntʃ]	Locher
photocopier [ˈfəʊtəʊkɒpɪə]	Kopierer
printer [ˈprɪntə]	Drucker
ink cartridge [ɪŋk ˈkɑːtrɪdʒ]	Druckerpatrone
shredder [ˈʃredə]	Reißwolf

projector [prə'dʒektə]	Beamer, Projektor

Achtung: Unter einem *Beamer* versteht man im Englischen umgangssprachlich einen BMW und keinen Projektor. Im Büroalltag sollten Sie deshalb immer von einem *projector* sprechen.

air conditioning	Klimaanlage
Please switch on the air conditioning.	Bitte schalten Sie die Klimaanlage an.
radiator ['reɪdɪeɪtə]	Heizkörper
coffee machine ['kɒfɪ mə'ʃi:n]	Kaffeemaschine
kettle [ketl]	Wasserkocher
switch [swɪtʃ]	Schalter
plug [plʌg]	Stecker
socket ['sɒkət]	Steckdose
extension lead [ɪk'stenʃən li:d]	Verlängerungskabel
Where can I find an extension lead, please?	Wo finde ich ein Verlängerungskabel?

3. Computer und Internet

computer [kəm'pju:tə]	Computer, Rechner
hardware ['hɑ:dweə]	Hardware
software ['sɒftweə]	Software
PC [pi:'si:]	Personalcomputer (PC)
start up [stɑ:t 'ʌp]	den Computer starten
switch on [swɪtʃ 'ɒn]	(den Computer) einschalten
switch off [swɪtʃ 'ɒf]	(den Computer) ausschalten
save sth. [seɪv 'sʌmθɪŋ]	etw. speichern
Remember to save the data before switching off the PC.	Vergessen Sie nicht, die Daten abzuspeichern, bevor Sie den PC ausschalten.
memory ['memərɪ]	Speicherplatz
hard disk ['hɑ:d dɪsk]	Festplatte
screen ['skri:n]	Bildschirm, Monitor
monitor ['mɒnɪtə]	Bildschirm, Monitor
mouse [maʊs]	Maus

keyboard [ˈkiːbɔːd]	Tastatur
The marketing department requires ten new keyboards.	Die Marketingabteilung benötigt zehn neue Tastaturen.
USB stick [juːesˈbiː stɪk]	USB-Stick
drive [draɪv]	Laufwerk
port [pɔːt]	Anschluss
plug [plʌg]	Stecker
plug in [plʌg ˈɪn]	einstecken
charge [tʃɑːdʒ]	(auf)laden
cable [keɪbl]	Kabel
wireless [ˈwaɪələs]	drahtlos
printer [ˈprɪntə]	Drucker
printout [ˈprɪntaʊt]	Ausdruck
mobile device [ˈməʊbaɪl dɪˈvaɪs]	mobiles Gerät
tablet [ˈtæblət]	Tablet
hardware failure [ˈhɑːdweə ˈfeɪljə]	Maschinenstörung, Ausfall der Hardware
backup copy [ˈbækʌp ˈkɒpɪ]	Sicherheitskopie
software package [ˈsɒftweə ˈpækɪdʒ]	Softwarepaket
The software package can be installed by following the instructions.	Das Softwarepaket kann den Anweisungen folgend installiert werden.
compatible [kəmˈpætəbl]	kompatibel
compatibility [kəmpætəˈbɪlɪtɪ]	Kompatibilität, Vereinbarkeit
program [ˈprəʊgræm]	Computerprogramm, programmieren
install a program [ɪnˈstɔːl ə ˈprəʊgræm]	ein Programm installieren
installation [ɪnstəˈleɪʃən]	Installation
system control [ˈsɪstəm kənˈtrəʊl]	Systemsteuerung
operating system [ˈɒpəreɪtɪŋ ˈsɪstəm]	Betriebssystem
account [əˈkaʊnt]	Account, Kundenkonto
command [kəˈmɑːnd]	Befehl
application [æplɪˈkeɪʃən]	Anwendung
version [ˈvɜːʒən]	Modell, Version

Which software version are you using?	*Welche Software-Version verwenden Sie?*
load [ləʊd]	laden
run a program [rʌn ə ˈprəʊgræm]	ein Programm laufen lassen
update [ˈʌpdeɪt]	Update, Aktualisierung
update [ʌpˈdeɪt]	aktualisieren, updaten
We update the database on a daily basis.	*Wir aktualisieren die Datenbank täglich.*
file [faɪl]	Datei, in einer Datei ablegen
open a file [ˈəʊpən ə faɪl]	eine neue Datei anlegen, eine Datei öffnen
create a file [krɪˈeɪt ə faɪl]	eine Datei erstellen
We need to create a file for this project.	*Wir müssen eine Datei für dieses Projekt erstellen.*
save a file [ˈseɪv ə faɪl]	eine Datei speichern
delete a file [dɪˈliːt ə faɪl]	eine Datei löschen
call up a file [ˈkɔːl ʌp ə faɪl]	eine Datei aufrufen
access a file [ˈækses ə faɪl]	eine Datei aufrufen
access [ˈækses]	Zugriff, Zugang
data [deɪtə]	Daten
data processing [ˈdeɪtə ˈprəʊsesɪŋ]	Datenverarbeitung
data transfer [ˈdeɪtə ˈtrænsfɜː]	Datenübertragung
We have located the error in the data transfer.	*Wir haben den Fehler bei der Datenübertragung identifiziert.*
input [ˈɪnpʊt]	Input, eingeben
database [ˈdeɪtəbeɪs]	Datenbank
The database is password-protected.	*Die Datenbank ist kennwortgeschützt.*
data entry [ˈdeɪtə ˈentrɪ]	Datenerfassung, Dateneintrag
data mining [ˈdeɪtə ˈmaɪnɪŋ]	Data-Mining, automatische Datenauswertung
spreadsheet [ˈspredʃiːt]	Tabellenkalkulation
interface [ˈɪntəfeɪs]	Schnittstelle, Interface
network [ˈnetwɜːk]	Netzwerk
server [ˈsɜːvə]	Server
provider [prəˈvaɪdə]	Provider, Anbieter
Internet [ˈɪntənet]	das Internet
the Net [ðə ˈnet]	das Netz

surf the Net [sɜːf ðə ˈnet]	im Internet surfen

> *i* Als *intranet* bezeichnet man das interne PC-Netzwerk einer Firma.

web [web]	World Wide Web, Netz
web browser [web ˈbraʊzə]	Webbrowser
log on/off [lɒg ˈɒn/ˈɒf]	sich anmelden, sich abmelden
To log on, please enter your password.	Geben Sie bitte Ihr Passwort ein, um sich anzumelden.
online [ɒnˈlaɪn]	online, Online...
work online [wɜːk ˈɒnlaɪn]	online arbeiten
online shop [ˈɒnlaɪn ʃɒp]	Onlineshop
email [ˈiːmeɪl]	E-Mail, e-mailen
Wi-Fi [ˈwaɪfaɪ]	WLAN
download [daʊnˈləʊd]	herunterladen
upload [ʌpˈləʊd]	hochladen
Please upload the data today.	Bitte laden Sie die Daten heute hoch.
digitization [dɪdʒɪtaɪˈzeɪʃən]	Digitalisierung
homepage [ˈhəʊmpeɪdʒ]	Homepage
website [ˈwebsaɪt]	Website
cloud [klaʊd]	Cloud, Datenwolke
data protection [ˈdeɪtə prəˈtekʃən]	Datenschutz
privacy policy [ˈprɪvəsɪ ˈpɒlɪsɪ]	Datenschutzrichtlinie
profile [ˈprəʊfaɪl]	Profil
social network [ˈsəʊʃəl ˈnetwɜːk]	soziales Netzwerk
thread [θred]	Thread, Folge von Beiträgen

4. Bürotätigkeiten

manage [ˈmænɪdʒ]	verwalten, leiten
be in charge of [biː ɪn ˈtʃɑːdʒ əv]	verantwortlich sein für

> *i* Man kann entweder sagen *be responsible for* oder *be in charge of,* um einen Verantwortlichkeitsbereich auszudrücken.

deal with [ˈdiːl wɪð]	sich befassen mit, erledigen
I deal with shipping and transport documentation.	Ich erledige Versand- und Transportdokumente.
process [ˈprəʊses]	bearbeiten, Prozess
We will process your request within one week.	Wir werden Ihre Anfrage innerhalb einer Woche bearbeiten.
responsibility [rɪspɒnsəˈbɪlətɪ]	Verantwortung, Aufgabe
incoming [ˈɪnkʌmɪŋ]	eingehend
outgoing [ˈaʊtgəʊɪŋ]	ausgehend
secretarial [sekrəˈteərɪəl]	Sekretariats…
paperwork [ˈpeɪpəwɜːk]	Schreibarbeit, Papierkram *fam*
Many employees complain of too much paperwork.	Viele Angestellte beschweren sich über zu viel Papierkram.
typing error [ˈtaɪpɪŋ ˈerə]	Tippfehler
correspondence [kɒrəˈspɒndəns]	Schriftwechsel, Korrespondenz
copy [ˈkɒpɪ]	Kopie, kopieren
draft [drɑːft]	entwerfen, Entwurf
file [faɪl]	(Akten-)Ordner, Datei, ablegen, einordnen
I'll open a new file for the marketing project.	Ich werde eine neue Akte für das Marketingprojekt anlegen.
present [prɪˈzent]	vortragen, vorstellen
He'll present the results of our sales promotion.	Er wird die Ergebnisse unserer Verkaufskampagne präsentieren.
finalize [ˈfaɪnəlaɪz]	abschließen
run [rʌn]	leiten, betreiben, bedienen
The team is run by the marketing manager.	Das Team wird vom Marketing-Manager geführt.
involve [ɪnˈvɒlv]	beinhalten
accountable [əˈkaʊntəbl]	verantwortlich, rechenschaftspflichtig
The managing director is accountable to the shareholders.	Der Geschäftsführer ist den Aktionären gegenüber rechenschaftspflichtig.
administration [ədmɪnɪˈstreɪʃən]	Verwaltung, Regierung
administrative work [ədˈmɪnɪstrətɪv wɜːk]	Verwaltungsarbeit
red tape *fig* [red ˈteɪp]	Amtsschimmel *fig*, Papierkrieg
Red tape can deter people from founding new businesses.	Der Amtsschimmel kann Leute von einer Geschäftsgründung abhalten.

1. Arbeit

profession [prəˈfeʃən]	Beruf
She works in the legal profession.	Sie arbeitet im Anwaltsberuf.
professional [prəˈfeʃənl]	beruflich, Berufs…
occupation [ɒkjʊˈpeɪʃən]	Beruf, Tätigkeit
What is your occupation?	Was machen Sie beruflich?
job [dʒɒb]	Arbeit, Stelle, Aufgabe
It's my job to deal with the correspondence.	Meine Aufgabe ist es, die Korrespondenz zu erledigen.

> ℹ Bei *job* braucht man die Artikel *a* oder *the*:
> *He has found a good job.* — Er hat einen guten Job gefunden.
> *Work* hingegen ist unzählbar, d.h. der Begriff wird ohne Artikel verwendet:
> *He has found work in the factory.* — Er hat Arbeit in der Fabrik gefunden.

permanent [ˈpɜːmənənt]	unbefristet
job sharing [dʒɒb ˈʃeərɪŋ]	Jobsharing, Arbeitsplatzteilung
work [wɜːk]	Arbeit, arbeiten
He's at work.	Er ist bei der Arbeit.
out of work [aʊt əv ˈwɜːk]	arbeitslos
work a machine [wɜːk ə məˈʃiːn]	eine Maschine bedienen
work experience [wɜːk ɪkˈspɪərɪəns]	Berufserfahrung, Praktikum
I have three years' work experience.	Ich habe drei Jahre Berufserfahrung.
work schedule [wɜːk ˈʃedjuːl]	Arbeitsplan
work permit [wɜːk ˈpɜːmɪt]	Arbeitserlaubnis
workplace [ˈwɜːkpleɪs]	Arbeitsplatz
worker [ˈwɜːkə]	Arbeiter(in)
full-time worker [ˈfʊltaɪm ˈwɜːkə]	Vollzeitkraft
part-time worker [ˈpɑːttaɪm ˈwɜːkə]	Teilzeitkraft
part-time [ˈpɑːttaɪm]	(in) Teilzeit…, stundenweise
She works as a part-time nurse.	Sie arbeitet in Teilzeit als Krankenschwester.

temporary worker ['tempərərɪ 'wɜːkə] — Aushilfskraft

temp *fam* [temp] — Aushilfe, Aushilfskraft

We employ temps during busy periods. — Wir stellen in Stoßzeiten Aushilfskräfte an.

casual worker ['kæʒuəl 'wɜːkə] — Gelegenheitsarbeiter(in)

flexitime ['fleksɪtaɪm] — Gleitzeit

teleworking ['telɪwɜːkɪŋ] — Telearbeit

Teleworking is often suitable for working mothers. — Telearbeit ist für berufstätige Mütter oft geeignet.

> *i* Unter *teleworking* versteht man Arbeit, die von zu Hause aus oder unterwegs mobil erledigt werden kann. Der Arbeitnehmer muss nicht an einer Arbeitsstelle sein.

home office ['həʊm 'ɒfɪs] — Homeoffice

official [ə'fɪʃəl] — offiziell, amtlich, Beamter/Beamtin

freelance ['friːlæns] — freiberuflich tätig sein

freelancer ['friːlænsə] — Freiberufler(in), freie(r) Mitarbeiter(in)

She works as a freelancer. — Sie arbeitet als Freiberuflerin.

self-employed [selfɪm'plɔɪd] — selbstständig erwerbstätig

She is a self-employed interior designer. — Sie ist eine selbstständige Innenarchitektin.

blue-collar worker [bluː'kɒlə 'wɜːkə] — Arbeiter(in)

> *i* Für *blue-collar worker* kann man auch *labourer* oder *manual worker* sagen.

white-collar worker [waɪt'kɒlə 'wɜːkə] — Angestellte(r), Büroangestellte(r)

labourer ['leɪbərə] — Arbeiter(in), Arbeitskraft

shift work ['ʃɪft wɜːk] — Schichtarbeit

workforce ['wɜːkfɔːs] — Arbeiterschaft, Belegschaft

They have a skilled workforce. — Sie haben ausgebildete Arbeitskräfte.

working conditions *pl* [ˈwɜːkɪŋ kənˈdɪʃənz]	Arbeitsbedingungen
working hours *pl* [ˈwɜːkɪŋ ˈaʊəz]	Arbeitszeiten
My working hours vary from week to week.	Meine Arbeitszeiten sind jede Woche unterschiedlich.
workload [ˈwɜːkləʊd]	Arbeitsbelastung, Arbeitspensum
I have a heavy workload.	Ich habe eine hohe Arbeitsbelastung.
employ [ɪmˈplɔɪ]	beschäftigen, anstellen
employed [ɪmˈplɔɪd]	berufstätig, erwerbstätig
She's employed on a part-time basis.	Sie arbeitet Teilzeit.
employee [ɪmplɔɪˈiː]	Arbeitnehmer(in), Angestellte(r)
employer [ɪmˈplɔɪə]	Arbeitgeber(in)
employment [ɪmˈplɔɪmənt]	Arbeit, Stellung, Beschäftigung
full employment [fʊl ɪmˈplɔɪmənt]	Vollbeschäftigung
unemployed [ʌnɪmˈplɔɪd]	arbeitslos
unemployment [ʌnɪmˈplɔɪmənt]	Arbeitslosigkeit
unemployment insurance [ʌnɪmˈplɔɪmənt ɪnˈʃʊərəns]	Arbeitslosenversicherung
register [ˈredʒɪstə]	Register, (sich) anmelden
She registered as unemployed this morning.	Sie hat sich heute Morgen arbeitslos gemeldet.
overtime [ˈəʊvətaɪm]	Überstunden
You may be required to work unpaid overtime.	Sie werden vielleicht unbezahlte Überstunden machen müssen.
sick leave [ˈsɪk liːv]	Arbeitsunfähigkeit
be on sick leave [biː ɒn ˈsɪk liːv]	krankgeschrieben sein
sick note [ˈsɪk nəʊt]	Krankmeldung
paid maternity leave [peɪd məˈtɜːnɪtɪ liːv]	Mutterschutz
National Insurance *BE* [ˈnæʃənəl ɪnˈʃʊərəns]	Sozialversicherung
UK employees have to pay National Insurance.	Britische Arbeitnehmer müssen Sozialversicherungsbeiträge zahlen.

health insurance [helθ ɪnˈʃʊərəns] — Krankenversicherung

> Hat ein Arbeitnehmer in Großbritannien keine private Krankenversicherung abgeschlossen, wird er durch den *National Health Service (NHS)*, die gesetzliche Krankenkasse, versichert. Dagegen gibt es in den USA keine vergleichbare gesetzliche Krankenversicherung. Viele Arbeitnehmer sind über ihren Arbeitgeber privat versichert, daneben gibt es staatliche Gesundheitsprogramme wie *Medicare* und *Medicaid*. Die Regierung Obama hat die staatlichen Leistungen ausgebaut.

2. Bewerben

applicant [ˈæplɪkənt] — Bewerber(in)
The standard of applicants has been high. — Das Niveau der Bewerber ist sehr hoch gewesen.

apply for a job [əˈplaɪ fɔːr ə dʒɒb] — sich um eine Stelle bewerben

job application [dʒɒb æplɪˈkeɪʃən] — Bewerbung
Do you need any help with your job application? — Brauchen Sie Hilfe bei Ihrer Bewerbung?

letter of application [ˈletə əv æplɪˈkeɪʃən] — Bewerbungsschreiben

vacancy [ˈveɪkənsɪ] — freie Stelle
They advertised the vacancy. — Sie haben die Stelle ausgeschrieben.

advertise [ˈædvətaɪz] — werben für, annoncieren, inserieren

advertisement [ədˈvɜːtɪsmənt] — Werbung, Anzeige, Inserat

classified advertisements *pl* [ˈklæsɪfaɪd ədˈvɜːtɪsmənts] — Kleinanzeigen

fill [fɪl] — besetzen, (aus)füllen
The position has already been filled. — Die Stelle wurde schon vergeben.

job centre *BE* [ˈdʒɒb ˈsentə] — Arbeitsagentur, Jobcenter

employment agency [ɪmˈplɔɪmənt ˈeɪdʒənsɪ] — (private) Stellenvermittlung

recruitment agency [rɪˈkruːtmənt ˈeɪdʒənsɪ]	Stellenvermittlung

Im amerikanischen Englisch übersetzt man Arbeitsamt oder Arbeitsagentur mit *labor exchange*. Im britischen Englisch dagegen mit *job centre*. *Recruitment agencies* sind normalerweise private Stellenvermittlungsfirmen.

job description [dʒɒb dɪˈskrɪpʃən]	Tätigkeitsbeschreibung
job interview [dʒɒb ˈɪntəvjuː]	Vorstellungsgespräch
I have a job interview tomorrow.	Morgen habe ich ein Vorstellungsgespräch.
curriculum vitae [kəˈrɪkjʊləm ˈviːtaɪ]	Lebenslauf
CV *BE* [siːˈviː], **résumé** *AE* [ˈrezjumeɪ]	Lebenslauf
I enclose my CV together with a copy of my certificate.	Ich lege meinen Lebenslauf und eine Zeugniskopie bei.

Im britischen Englisch spricht man von einem *CV* (*Curriculum vitae*) als Übersetzung für „Lebenslauf“. Im amerikanischen Englisch wird eher der Begriff *résumé* gebraucht.

tabular [ˈtæbjʊlə]	tabollaricch
covering letter [ˈkʌvərɪŋ ˈletə]	Anschreiben
certificate [səˈtɪfɪkət]	Bescheinigung, Urkunde
reference [ˈrefərəns]	Referenz, Zeugnis
Please provide us with a reference.	Bitte legen Sie uns ein Zeugnis vor.
qualification [kwɒlɪfɪˈkeɪʃən]	Qualifikation, Zeugnis
key qualification [kiː kwɒlɪfɪˈkeɪʃən]	Schlüsselqualifikation
She possesses the key qualifications required for the job.	Sie verfügt über die Schlüsselqualifikationen für diesen Job.
qualifying period [ˈkwɒlɪfaɪɪŋ ˈpɪərɪəd]	Probezeit
trial period [ˈtraɪəl ˈpɪərɪəd]	Probezeit

unqualified [ʌnˈkwɒlɪfaɪd]	unqualifiziert, nicht qualifiziert
He is unqualified for this post.	Er ist für diese Stelle unqualifiziert.
skill [skɪl]	Fertigkeit, Kenntnis
skilled [skɪld]	geschickt, ausgebildet
semi-skilled [semɪˈskɪld]	angelernt
contract [ˈkɒntrækt]	Vertrag, Vereinbarung
Please fill in and sign the contract.	Bitte füllen Sie den Vertrag aus und unterschreiben Sie ihn.
contract of employment [ˈkɒntrækt əv ɪmˈplɔɪmənt]	Arbeitsvertrag
hire [haɪə]	einstellen
We have hired a new secretary.	Wir haben eine neue Sekretärin eingestellt.
recruit [rɪˈkruːt]	(an)werben, gewinnen
recruitment [rɪˈkruːtmənt]	(An-)Werbung, Personalbeschaffung
promote [prəˈməʊt]	befördern
promotion [prəˈməʊʃən]	Beförderung
dismiss [dɪsˈmɪs]	entlassen
dismissal [dɪsˈmɪsəl]	Entlassung
make sb. redundant [meɪk ˈsʌmbədɪ rɪˈdʌndənt]	jdm. kündigen
sack *fam* [sæk]	entlassen, feuern *fam*
The boss sacked John. *fam*	Der Chef hat John gefeuert. *fam*
get the sack *fam* [get ðə ˈsæk]	gefeuert werden *fam*

> i Umgangssprachlich wird statt *dismiss* oft auch *sack* (rausschmeißen) oder *fire* (feuern) verwendet:
> *I was sacked/I got the sack.* Ich wurde rausgeschmissen/gefeuert.

quit [kwɪt]	kündigen
I'm quitting at the end of the month.	Ich habe zum Monatsende gekündigt.
resign [rɪˈzaɪn]	kündigen, zurücktreten
He has resigned to take up a better position.	Er hat gekündigt, um eine bessere Stelle anzunehmen.
resignation [rezɪgˈneɪʃən]	Rücktritt, Kündigung

notice ['nəʊtɪs]	Kündigung
She handed in her notice this morning.	Sie hat heute Morgen ihre Kündigung eingereicht.
give sb. notice [gɪv 'sʌmbədɪ 'nəʊtɪs]	jdm. kündigen, bei jdm. kündigen
period of notice ['pɪərɪəd əv 'nəʊtɪs]	Kündigungsfrist
retirement [rɪ'taɪəmənt]	Ruhestand
pay [peɪ]	Bezahlung, bezahlen
salary ['sælərɪ]	Gehalt
We weren't able to meet her salary expectations.	Wir konnten ihre Gehaltserwartungen nicht erfüllen.

i *Salary* verdient man monatlich, *wage* dagegen wird wöchentlich, meist für *manual work* (körperliche Arbeit) bezahlt.

gross salary [grəʊs 'sælərɪ]	Bruttogehalt
net salary [net 'sælərɪ]	Nettogehalt
annual salary ['ænjʊəl 'sælərɪ]	Jahresgehalt
salaried ['sælərɪd]	angestellt
wage [weɪdʒ]	Lohn
She earns the minimum wage.	Sie verdient den Mindestlohn.
hourly wage ['aʊəlɪ weɪdʒ]	Stundenlohn
earn [ɜːn]	verdienen, bringen
earnings *pl* ['ɜːnɪŋz]	Verdienst, Ertrag
make money [meɪk 'mʌnɪ]	Geld verdienen
premium ['priːmɪəm]	Bonus, Prämie
bonus ['bəʊnəs]	Prämie
Employees are awarded performance-related bonuses.	Den Mitarbeitern werden leistungsabhängige Prämien gezahlt.
remuneration [rɪmjuːnə'reɪʃən]	Bezahlung, Entlohnung
remuneration in kind [rɪmjuːnə'reɪʃən ɪn kaɪnd]	Sachbezüge
rise [raɪz]	Anstieg, Gehaltserhöhung, ansteigen
I've been given a ten per cent rise.	Ich habe eine zehnprozentige Gehaltserhöhung bekommen.

> *Rise* (ansteigen) und *raise* (anheben) werden oft verwechselt. Das Verb *rise* braucht kein Objekt, während dem Verb *raise* immer ein Objekt folgen muss.
>
> *Food prices are rising.* — Die Nahrungsmittelpreise steigen.
> *The supermarkets raised the food prices.* — Die Supermärkte haben die Nahrungsmittelpreise angehoben.

holiday *BE* [ˈhɒlɪdeɪ]	Urlaub, Ferien, Feiertag
vacation *AE* [veɪˈkeɪʃən]	Ferien, Urlaub

> *Holiday (BE)* und *vacation (AE)* werden oft falsch verwendet. Will man ausdrücken, dass man in Urlaub fährt, heißt es: *to go on holiday/vacation.* Befindet man sich gerade im Urlaub, sagt man: *to be on holiday/vacation.*

leave [liːv]	Urlaub
I do not have much annual leave.	Ich habe nicht so viel Urlaub im Jahr.

3. Aus- und Weiterbildung

train [treɪn]	ausbilden, schulen
trainee [treɪˈniː]	Auszubildende(r), Lehrling, Praktikant(in)
The trainee starts next week.	Nächste Woche fängt der Praktikant an.
training course [ˈtreɪnɪŋ kɔːs]	Ausbildung, Lehre, Schulung
apprentice [əˈprentɪs]	Lehrling, Auszubildende(r)
He works as an apprentice butcher.	Er ist Metzgerlehrling.
apprenticeship [əˈprentɪsʃɪp]	Lehre, Ausbildung

> Eine formalisierte betriebliche Ausbildung ist international eher selten, oft erfolgt ein *training on the job.* Den Begriff „Lehre“ kann man mit *apprenticeship* übersetzen, wenn er in Zusammenhang mit körperlicher Arbeit oder handwerklichen Berufen steht. Im Angestelltenbereich verwendet man meist *traineeship.*

vocational [vəʊˈkeɪʃənəl]	Berufs…
He decided to do a vocational training course.	Er hat sich für eine Berufsausbildung entschieden.
on-the-job training [ɒnðəˈdʒɒb ˈtreɪnɪŋ]	Ausbildung am Arbeitsplatz, Weiterbildung
in-service training [ˈɪnsɜːvɪs ˈtreɪnɪŋ]	innerbetriebliche Ausbildung
practical training [ˈpræktɪkəl ˈtreɪnɪŋ]	Praktikum
internship [ˈɪntɜːnʃɪp]	Praktikum, Volontariat
He completed a six-week internship with a law firm.	Er hat ein sechswöchiges Praktikum bei einer Anwaltskanzlei abgeschlossen.
retraining [riːˈtreɪnɪŋ]	Umschulung
scheme [skiːm]	Plan, Programm, System
Our employees participate in various training schemes.	Unsere Mitarbeiter nehmen an unterschiedlichen Ausbildungsprogrammen teil.
career [kəˈrɪə]	Karriere, Laufbahn
She is very career-oriented.	Sie ist sehr karriereorientiert.
graduate [ˈgrædʒʊət]	Hochschulabsolvent(in)
multilingual [mʌltɪˈlɪŋgwəl]	mehrsprachig

4. Aufgaben

duty [ˈdjuːtɪ]	Aufgabe, Pflicht
function [ˈfʌŋkʃən]	Funktion, Aufgabe
What is her function within the company?	Was sind ihre Aufgaben innerhalb des Unternehmens?
task [tɑːsk]	Aufgabe
field of activity [fiːld əv ækˈtɪvɪtɪ]	Tätigkeitsfeld
responsible for [rɪˈspɒnsəbl fɔː]	verantwortlich für
responsibility [rɪspɒnsəˈbɪlətɪ]	Verantwortung
area of responsibility [ˈeərɪə əv rɪspɒnsəˈbɪlətɪ]	Verantwortungsbereich

perform [pəˈfɔːm]	leisten, erfüllen
performance [pəˈfɔːməns]	Erfüllung, Durchführung, Leistung
We will monitor your performance on a continual basis.	Wir werden ihre Leistung fortlaufend überprüfen.
attend to [əˈtend tu]	sich kümmern um, erledigen
instruction [ɪnˈstrʌkʃən]	Anweisung
Your supervisor will give you instructions.	Ihr Vorgesetzter wird Ihnen Anweisungen geben.
organize [ˈɔːgənaɪz]	organisieren, planen, sorgen für
sign [saɪn]	unterschreiben
sign for [saɪn ˈfɔː]	den Empfang bestätigen
sign in [saɪn ˈɪn]	sich eintragen
sign up [saɪn ˈʌp]	(sich) verpflichten, unterschreiben
accountability [əkaʊntəˈbɪlətɪ]	Verantwortlichkeit
account for [əˈkaʊnt fɔː]	etw. erklären
accountable to [əˈkaʊntəbl tuː]	jdm. verantwortlich sein
photocopy [ˈfəʊtəʊkɒpɪ]	Fotokopie, fotokopieren
hard copy [hɑːd ˈkɒpɪ]	Papierausdruck, Hardcopy
Send a hard copy of your CV to the following address.	Schicken Sie einen Ausdruck Ihres Lebenslaufes an folgende Adresse.
word processing [wɜːd ˈprəʊsesɪŋ]	Textverarbeitung
post *BE* [pəʊst], **mail** *AE* [meɪl]	Post, per Post schicken

Im britischen Englisch wird für Begriffe aus dem Postwesen stets *post* verwendet, z.B. *postbox* (Briefkasten) oder *postman* (Briefträger).
Im Amerikanischen verwendet man *mail*. Bei E-Mails spricht man aber auch im britischen Englisch von *mail*.

postage [ˈpəʊstɪdʒ]	Porto, Gebühr
postage due [ˈpəʊstɪdʒ djuː]	Strafporto, Nachporto
postcode [ˈpəʊstkəʊd]	Postleitzahl
postdate [pəʊstˈdeɪt]	vordatieren
predate [priːˈdeɪt]	vorausgehen, zurückdatieren
postmark [ˈpəʊstmɑːk]	Poststempel

1. Besprechungen

chat [tʃæt]	informelles Gespräch, plaudern
brainstorming [ˈbreɪnstɔːmɪŋ]	Brainstorming
meeting [ˈmiːtɪŋ]	Treffen, Besprechung, Sitzung
team meeting [tiːm ˈmiːtɪŋ]	Teammeeting
annual general meeting (AGM) [ˈænjʊəl ˈdʒenərəl ˈmiːtɪŋ]	Jahreshauptversammlung
The annual general meeting will take place next week.	Die Jahreshauptversammlung findet nächste Woche statt.
conference [ˈkɒnfərəns]	Konferenz, Sitzung
board [bɔːd]	Vorstand, Direktorium
The board sets corporate strategy.	Der Vorstand bestimmt die Unternehmensstrategie.
board meeting [bɔːd ˈmiːtɪŋ]	Vorstandssitzung
call a meeting [kɔːl ə ˈmiːtɪŋ]	eine Sitzung einberufen
hold a meeting [həʊld ə ˈmiːtɪŋ]	eine Sitzung abhalten
open a meeting [ˈəʊpən ə ˈmiːtɪŋ]	eine Sitzung eröffnen

> **i** Es gibt verschiedene Möglichkeiten, eine Besprechung zu eröffnen. Wenn ein Meeting eher formeller Natur ist, sagt der/die Vorsitzende:
>
> *Ladies and Gentlemen, I declare the meeting open.* — Meine Damen und Herren, die Sitzung ist eröffnet.
>
> Geht es weniger formell zu, kann man auch einfach sagen:
>
> *Right, shall we get down to business?* — Okay, sollen wir anfangen/zur Sache kommen?
>
> *OK, let's get started.* — Okay, lassen Sie uns loslegen.

close a meeting [kləʊz ə ˈmiːtɪŋ]	eine Besprechung beenden
schedule [ˈʃedjuːl]	Zeitplan, terminieren, ansetzen
reschedule [riːˈʃedjuːl]	(vor)verlegen
The meeting has been rescheduled for tomorrow.	Das Treffen ist auf morgen vorverlegt worden.
interrupt [ɪntəˈrʌpt]	unterbrechen

Um jemanden während einer Sitzung zu unterbrechen, sollte man im Englischen sehr höflich und vor allem indirekt sein. Mögliche Formulierungen sind:

If I may just interrupt you for a second, …	Wenn ich Sie für einen Moment unterbrechen darf, …
I wonder if I could just add that …	Dürfte ich kurz ergänzen, dass …
Sorry, but could I perhaps say something at this point?	Entschuldigung, aber dürfte ich hier etwas anmerken?

delay [dɪˈleɪ]	Verspätung, Verzögerung, verzögern
postpone [pəˈspəʊn]	aufschieben, verschieben
put off [pʊt ˈɒf]	verschieben, aufschieben
cancel [ˈkænsəl]	absagen, stornieren
They cancelled the meeting at short notice.	Sie haben die Besprechung kurzfristig abgesagt.
adjourn [əˈdʒɜːn]	vertagen, unterbrechen
break off [breɪk ˈɒf]	abbrechen
attend [əˈtend]	teilnehmen
attendance [əˈtendəns]	Teilnahme
participant [pɑːˈtɪsɪpənt]	Teilnehmer(in)
participate [pɑːˈtɪsɪpeɪt]	sich beteiligen, teilnehmen
participation [pɑːtɪsɪˈpeɪʃən]	Beteiligung, Teilnahme
take place [teɪk ˈpleɪs]	stattfinden
gather [ˈgæðə]	sich treffen
chair [tʃeə]	Vorsitz, den Vorsitz führen
chairman [ˈtʃeəmən]	Vorsitzender
chairwoman [ˈtʃeəwʊmən]	Vorsitzende
chairperson [ˈtʃeəpɜːsən]	Vorsitzende(r)
agenda [əˈdʒendə]	Tagesordnung
item on the agenda [ˈaɪtəm ɒn ðɪ əˈdʒendə]	Tagesordnungspunkt
Let's move to the next item on the agenda.	Gehen wir jetzt zum nächsten Tagesordungspunkt über.
minutes *pl* [ˈmɪnɪts]	Protokoll
take the minutes [teɪk ðə ˈmɪnɪts]	Protokoll führen
Who is going to take the minutes of the meeting?	Wer wird bei der Besprechung Protokoll führen?

record ['rekɔ:d]	Aufzeichnung, Protokoll
for the record [fə ðə 'rekɔ:d]	fürs Protokoll, der Ordnung halber
record [rɪ'kɔ:d]	protokollieren
any other business (AOB) ['enɪ 'ʌðə 'bɪznɪs]	Sonstiges
memo(randum) ['meməʊ (memə'rændəm)]	Mitteilung, Aktennotiz, Vermerk
discuss [dɪ'skʌs]	besprechen
discussion [dɪ'skʌʃən]	Besprechung
inform [ɪn'fɔ:m]	informieren
brief [bri:f]	informieren, kurz
announce [ə'naʊns]	ankündigen
let sb. know sth. [let 'sʌmbədɪ 'nəʊ sʌmθɪŋ]	jdm. etw. mitteilen
bring sth. up [brɪŋ sʌmθɪŋ 'ʌp]	etw. zur Sprache bringen
remind sb. of sth. [rɪ'maɪnd 'sʌmbədɪ əv 'sʌmθɪŋ]	jdn. an etw. erinnern
assess [ə'ses]	bewerten, (ein)schätzen
assessment [ə'sesmənt]	Beurteilung, Bewertung
remark [rɪ'mɑ:k]	Bemerkung, erwähnen
comment ['kɒment]	Kommentar, Stellungnahme, sich äußern
contribution [kɒntrɪ'bju:ʃən]	Beitrag
make a contribution [meɪk ə kɒntrɪ'bju:ʃən]	einen Beitrag leisten
objection [əb'dʒekʃən]	Einwand
decide [dɪ'saɪd]	entscheiden
decision [dɪ'sɪʒən]	Entscheidung
decision making [dɪ'sɪʒən 'meɪkɪŋ]	Entscheidungsfindung
objective [əb'dʒektɪv]	Ziel
motion ['məʊʃən]	Antrag
put forward a motion [pʊt 'fɔ:wəd ə 'məʊʃən]	einen Antrag stellen
second a motion ['sekənd ə 'məʊʃən]	einen Antrag unterstützen
ballot ['bælət]	Stimmabgabe

take a vote [teɪk ə ˈvəʊt] — abstimmen
We should now take a vote on this. — Wir sollten jetzt darüber abstimmen.
show of hands [ʃəʊ əv ˈhændz] — Abstimmung durch Handzeichen
in favour of [ɪn ˈfeɪvər əv] — dafür
against [əˈgenst, əˈgeɪnst] — dagegen
approve [əˈpruːv] — einverstanden sein, billigen
majority [məˈdʒɒrɪtɪ] — Mehrheit, Majorität
majority decision [məˈdʒɒrɪtɪ dɪˈsɪʒən] — Mehrheitsbeschluss
It was a majority decision to close the plant. — Es war ein Mehrheitsbeschluss, die Anlage zu schließen.

2. Kundengespräche und Verhandlungen

customer [ˈkʌstəmə] — Kunde/Kundin
client [ˈklaɪənt] — Kunde/Kundin
customer meeting [ˈkʌstəmə ˈmiːtɪŋ] — Kundengespräch
get down to business [get daʊn tə ˈbɪznəs] — zur Sache kommen
offer [ˈɒfə] — Angebot, anbieten
make an offer [meɪk ən ˈɒfə] — ein Angebot machen
keep an offer open [kiːp ən ˈɒfə ˈəʊpən] — ein Angebot aufrechterhalten
propose [prəˈpəʊz] — vorschlagen
proposal [prəˈpəʊzəl] — Vorschlag
negotiate [nɪˈgəʊʃɪeɪt] — verhandeln
negotiation [nɪgəʊʃɪˈeɪʃən] — Verhandlung
Negotiations have now gone into a second week. — Die Verhandlungen laufen nun schon in der zweiten Woche.
negotiation skills *pl* [nɪgəʊʃɪˈeɪʃən skɪlz] — Verhandlungsgeschick
conduct negotiations [kənˈdʌkt nɪgəʊʃɪˈeɪʃənz] — Verhandlungen führen
negotiable [nɪˈgəʊʃɪəbl] — verkäuflich, verhandelbar
The price is not negotiable. — Der Preis ist nicht verhandelbar.

deal [diːl]	Geschäft, Abschluss
offer a deal ['ɒfər ə diːl]	ein Angebot machen
negotiate a deal [nɪ'gəʊʃieɪt ə diːl]	ein Geschäft aushandeln
strike a deal [straɪk ə 'diːl]	ein Geschäft abschließen
misunderstanding [mɪsʌndə'stændɪŋ]	Missverständnis
see to ['siː tə]	sich kümmern um
look into [lʊk 'ɪntə]	etw. untersuchen
go through [gəʊ 'θruː]	etw. überprüfen
convince [kən'vɪns]	überzeugen
persuade [pə'sweɪd]	überreden
compromise ['kɒmprəmaɪz]	Kompromiss, einen Kompromiss schließen
We are not prepared to compromise on safety standards.	Wir sind nicht bereit, bei den Sicherheitsbestimmungen Abstriche zu machen.

> Ein *compromise* (Kompromiss) wird oft ausgedrückt mit *on condition that/ provided that* (vorausgesetzt, dass) oder mit *as long as* (sofern bzw. wenn im Gegenzug):
>
> *We would accept the price as long as you reduce the delivery time.* – Wir könnten den Preis akzeptieren, sofern Sie die Lieferzeit verkürzen.

terms of contract *pl* [tɜːmz əv 'kɒntrækt]	Vertragsbedingungen
meet terms [miːt 'tɜːmz]	Bedingungen einhalten
conditions *pl* [kən'dɪʃənz]	Bedingungen
particulars *pl* [pə'tɪkjʊləz]	Einzelheiten
The particulars of the contract still need to be clarified.	Die Einzelheiten des Vertrags müssen noch geklärt werden.
grant a discount [grɑːnt ə 'dɪskaʊnt]	Rabatt gewähren
find a solution [faɪnd ə sə'luːʃən]	eine Lösung finden
solve a problem [sɒlv ə 'prɒbləm]	ein Problem lösen
provided that [prə'vaɪdɪd ðæt]	vorausgesetzt, dass

confer [kən'fɜː]	sich beraten
think sth. over [θɪŋk 'sʌmθɪŋ 'əʊvə]	sich etw. überlegen, etw. überdenken
confirm [kən'fɜːm]	bestätigen
authority to decide [ɔː'θɒrətɪ tə dɪ'saɪd]	Entscheidungsbefugnis
agreement [ə'griːmənt]	Vereinbarung, Abmachung
reach an agreement [riːtʃ ən ə'griːmənt]	eine Vereinbarung treffen
sign a contract [saɪn ə 'kɒntrækt]	einen Vertrag unterschreiben
bargain ['bɑːgən]	handeln, feilschen
bargaining ['bɑːgənɪŋ]	Verhandeln, Feilschen
concession [kən'seʃən]	Zugeständnis
demand [dɪ'mɑːnd]	verlangen, fordern
call off [kɔːl 'ɒf]	absagen
The deal has been called off.	Das Geschäft ist abgesagt worden.
break down [breɪk 'daʊn]	scheitern
deadlock ['dedlɒk]	festgefahrene Situation
The strike has reached a deadlock.	Der Streik ist festgefahren.
final offer ['faɪnəl 'ɒfə]	letztes Angebot
reject [rɪ'dʒekt]	ablehnen
settlement ['setlmənt]	Einigung, Regelung, Abmachung
finalize ['faɪnəlaɪz]	zum Abschluss bringen, abschließen
We'll finalize the contract tomorrow.	Wir werden den Vertrag morgen abschließen.

3. Meinungen ausdrücken und argumentieren

opinion [ə'pɪnɪən]	Meinung
in my opinion [ɪn maɪ ə'pɪnɪən]	meiner Meinung nach
In my opinion this is the best solution.	Meiner Meinung nach ist dies die beste Lösung.
in my view [ɪn 'maɪ vjuː]	meiner Ansicht nach
see [siː]	verstehen, sehen
I can see his point.	Ich verstehe, was er meint.

The way I see it, … [ðə weɪ ˈaɪ siː ɪt]	meiner Ansicht nach …
personally [ˈpɜːsənəlɪ]	persönlich
Personally, I think we should lower the price.	Ich persönlich glaube, dass wir den Preis reduzieren sollten.
What's your opinion? [wɒts jɔːr əˈpɪnɪən]	Was meinen Sie dazu?
What do you think? [wɒt duː ˈjuː θɪŋk]	Was meinen Sie?
agree [əˈgriː]	einverstanden sein, zustimmen
I completely agree with you on this point.	Bei diesem Punkt bin ich ganz Ihrer Meinung.
disagree [dɪsəˈgriː]	nicht einverstanden sein
exactly [ɪgˈzæktlɪ]	genau
That's exactly what I think.	Ich denke genauso.
precisely [prɪˈsaɪslɪ]	genau
suppose [səˈpəʊz]	annehmen, denken, meinen
I suppose you might be right.	Ich denke, Sie könnten recht haben.
suggest [səˈdʒest]	vorschlagen
claim [kleɪm]	Behauptung, behaupten
emphasize [ˈemfəsaɪz]	betonen
stress sth. [stres ˈsʌmθɪŋ]	etw. betonen
clarify [ˈklærəfaɪ]	klären, klarstellen
insist (on) [ɪnˈsɪst (ɒn)]	bestehen auf
Very well, if you insist.	Also gut, wenn Sie darauf bestehen.
point out [pɔɪnt ˈaʊt]	hinweisen auf

i Wenn man *emphasize*, *stress* oder *point out* verwendet, beginnt man normalerweise mit einer abschwächenden oder vorsichtigen Einleitung, da die Bemerkung sonst als zu direkt empfunden werden kann:

I would like to emphasize …	Ich möchte betonen …
I feel I must stress …	Ich muss betonen …
What you said is absolutely correct, but I really have to point out that …	Sie haben absolut recht, aber ich muss darauf hinweisen, dass ...

deny [dɪˈnaɪ]	leugnen
perhaps [pəˈhæps]	vielleicht

of course [əv ˈkɔːs]	natürlich, selbstverständlich
share [ʃeə]	teilen
I cannot share your point of view.	Ich kann Ihre Ansicht nicht teilen.
doubt [daʊt]	Zweifel, bezweifeln
reject [rɪˈdʒekt]	ablehnen
Unfortunately we have to reject your offer.	Leider müssen wir Ihr Angebot ablehnen.
give in [gɪv ˈɪn]	nachgeben
pros and cons *pl* [ˈprəʊz ənd ˈkɒnz]	Pro und Kontra, Vor- und Nachteile

4. Präsentationen

present [prɪˈzent]	präsentieren, vortragen
presentation [preznˈteɪʃən]	Präsentation, Vortrag

i Beginnen Sie Ihre Präsentation (*presentation*) mit einer einführenden, allgemeinen Frage oder einer kurzen, themenrelevanten Anekdote. So sichern Sie sich leichter die Aufmerksamkeit der Anwesenden.

make a presentation [meɪk ə preznˈteɪʃən]	eine Präsentation halten
press conference [pres ˈkɒnfərəns]	Pressekonferenz
The marketing department has arranged a press conference for Monday.	Die Marketingabteilung hat für Montag eine Pressekonferenz veranlasst.
talk [tɔːk]	Vortrag, sprechen, vortragen
There are three main issues I'd like to talk about today.	Es gibt drei Hauptthemen, über die ich heute gerne sprechen möchte.
give a talk on sth. [gɪv ə tɔːk ɒn ˈsʌmθɪŋ]	einen Vortrag über etw. halten
seminar [ˈsemɪnɑː]	Seminar, Kurs
workshop [ˈwɜːkʃɒp]	Workshop, Seminar
audience [ˈɔːdɪens]	Zuschauer, Teilnehmer
handout [ˈhændaʊt]	Handzettel, Tischvorlage

facilities *pl* [fə'sɪlətɪz]	Einrichtungen, Räumlichkeiten
Which facilities would you like to book for the presentation?	Welche Räumlichkeiten möchten Sie für Ihren Vortrag reservieren?
projector [prə'dʒektə]	Beamer
transparency [træns'pærənsɪ]	Folie
whiteboard ['waɪtbɔ:d]	weiße Tafel
overhead projector ['əʊvəhed prə'dʒektə]	Tageslichtprojektor
structure ['strʌktʃə]	Aufbau, Gliederung
overview ['əʊvəvju:]	Übersicht
topic ['tɒpɪk]	Thema
begin with [bɪ'gɪn wɪð]	anfangen mit
introduce [ɪntrə'dju:s]	vorstellen, einleiten
let's look at [lets 'lʊk æt]	schauen wir auf …
let's turn to [lets 'tɜ:n tə]	wenden wir uns … zu
Now let's turn to this year's figures.	Nun wenden wir uns den Zahlen von diesem Jahr zu.
chart [tʃɑ:t]	Tabelle, Schaubild
forecast ['fɔ:kɑ:st]	Prognose, Voraussage
probability [prɒbə'bɪlətɪ]	Wahrscheinlichkeit
statistics [stə'tɪstɪks]	Statistik
outlook ['aʊtlʊk]	Aussichten
cover ['kʌvə]	abdecken, behandeln
let's sum up [lets sʌm 'ʌp]	um zusammenzufassen …
last, but not least ['lɑ:st bət nɒt 'li:st]	nicht zuletzt …
Last, but not least, we also have to consider the inflation rate.	Und nicht zuletzt müssen wir auch die Inflationsrate berücksichtigen.
that brings me to the end [ðæt brɪŋz mi: tə ðɪ 'end]	damit beende ich …
summarize ['sʌməraɪz]	zusammenfassen
conclude [kən'klu:d]	enden, abschließen, folgern
raise questions [reɪz 'kwestʃənz]	Fragen stellen
Any questions? [enɪ 'kwestʃənz]	Gibt es Fragen?

1. Geschäftsbriefe

letter ['letə]	Brief
business letter ['bɪznɪs 'letə]	Geschäftsbrief
draft a letter [drɑːft ə 'letə]	einen Brief aufsetzen/verfassen
letterhead ['letəhed]	Briefkopf
subject line ['sʌbdʒekt laɪn]	Betreffzeile
reference (re.) ['refrəns]	Betreff
addressee [ədre'siː]	Empfänger(in), Adressat
recipient [rɪ'sɪpɪənt]	Empfänger(in)
sender ['sendə]	Absender(in)
return to sender (RTS) [rɪ'tɜːn tə 'sendə]	zurück an Absender
correspondence [kɒrə'spɒndəns]	Briefwechsel
printed matter ['prɪntəd 'mætə]	Drucksache
confidential [kɒnfɪ'denʃəl]	vertraulich, geheim
strictly confidential ['strɪktlɪ kɒnfɪ'denʃəl]	streng vertraulich
receive [rɪ'siːv]	bekommen, erhalten, empfangen
return [rɪ'tɜːn]	zurücksenden
Return the completed application form to the following address.	Senden Sie das ausgefüllte Bewerbungsformular an folgende Adresse zurück.
date [deɪt]	Datum
Can you suggest a suitable date?	Können Sie einen passenden Termin vorschlagen?
suitable ['suːtəbl]	passend, gelegen
unsuitable [ʌn'suːtəbl]	ungelegen
convenient [kən'viːnɪənt]	passend, gelegen
Would Tuesday be convenient for you?	Passt Ihnen Dienstag?
inconvenient [ɪnkən'viːnɪənt]	ungelegen
about [ə'baʊt]	bezüglich
About our meeting next week, could we start an hour later?	Bezüglich unserer Besprechung nächste Woche, können wir eine Stunde später anfangen?

salutation [sælju'teɪʃən]	Anrede, Begrüßung
Dear Sir(s) [dɪə 'sɜː(z)]	Sehr geehrte Damen und Herren

Wenn man mit *Dear Sir(s)* einen Geschäftsbrief beginnt, verwendet man als Schlussformel entweder *Yours faithfully* oder *Yours sincerely.* Immer öfter wird heute *Yours sincerely* bevorzugt, da es sich freundlicher anhört. In amerikanischen Geschäftsbriefen schreibt man einfach *Sincerely* oder *Sincerely yours.*

Dear Mr Smith [dɪə 'mɪstə smɪθ]	Sehr geehrter Herr Smith
complimentary close [kɒmplɪ'mentrɪ kləʊz]	Schlussformel
Yours faithfully [jɔːz 'feɪθfəlɪ]	Mit freundlichen Grüßen
Yours sincerely [jɔːz sɪn'sɪəlɪ]	Mit freundlichen Grüßen
Best regards *pl* [best rɪ'gɑːdz]	Liebe Grüße

Bei E-Mails kann man informeller sein als bei Geschäftsbriefen und mit *Hello/Good morning* anfangen und mit *Best/Kind regards* enden.

signature ['sɪgnətʃə]	Unterschrift
enclose [ɪn'kləʊz]	beifügen
enclosure [ɪn'kləʊʒə]	Anlage
for the attention of (Attn) [fə θɪ ə'tenʃən əv]	zu Händen von
with reference to [wɪð 'refərəns tuː]	mit Bezug auf
in reply to [ɪn rɪ'plaɪ tuː]	in Beantwortung
for your information (FYI) [fə jɔːr ɪnfə'meɪʃən]	zu Ihrer Information
with regard to [wɪð rɪ'gɑːd tuː]	bezüglich
With regard to our appointment next week, I would like to confirm the time.	Bezüglich unseres Termins nächste Woche möchte ich die Uhrzeit bestätigen.
referring to [rɪ'fɜːrɪŋ tuː]	Bezug nehmend auf
regret to inform sb. [rɪ'gret tu ɪn'fɔːm 'sʌmbədɪ]	bedauern, jdm. etw. mitteilen zu müssen

confirm [kən'fɜːm]	bestätigen
pleased to confirm [pliːzd tə kən'fɜːm]	sich freuen, bestätigen zu können
according to [ə'kɔːdɪŋ tə]	zufolge, laut
on behalf of [ɒn bɪ'hɑːf əv]	im Namen von, im Auftrag von
acknowledge [ək'nɒlɪdʒ]	bestätigen
acknowledge receipt of [ək'nɒlɪdʒ rɪ'siːt əv]	den Erhalt bestätigen
be grateful if [biː 'greɪtfl ɪf]	dankbar sein, wenn
look forward to [lʊk 'fɔːwəd tuː]	sich freuen auf
I look forward to hearing from you again soon.	Ich freue mich, bald wieder von Ihnen zu hören.
hesitate ['hezɪteɪt]	zögern
Please do not hesitate to contact us.	Bitte zögern Sie nicht, sich mit uns in Verbindung zu setzen.
spelling ['spelɪŋ]	Buchstabieren, Schreibweise
sentence ['sentəns]	Satz
paragraph [pærə'grɑːf]	Absatz
page [peɪdʒ]	Seite
as follows [əz 'fɒləʊz]	wie folgt
above-mentioned [əbʌv'menʃənd]	oben genannt
below [bɪ'ləʊ]	unten
list [lɪst]	Liste, auflisten, aufzählen
await [ə'weɪt]	erwarten
forward ['fɔːwəd]	senden, schicken, weiterleiten

2. E-Mail und Fax

email ['iːmeɪl]	E-Mail, e-mailen
email address ['iːmeɪl 'ædres]	E-Mail-Adresse
send an email [send ən 'iːmeɪl]	eine E-Mail schicken
Could you send me an email as soon as the date is confirmed.	Würden Sie mir bitte eine E-Mail schicken, sobald der Termin bestätigt wird.

receive [rɪ'si:v]	empfangen
reply [rɪ'plaɪ]	Antwort, beantworten
forward ['fɔ:wəd]	weiterleiten
delete [dɪ'li:t]	löschen
I'll have to delete all the junk mail.	Ich muss alle Spammails löschen.
mailing list ['meɪlɪŋ lɪst]	Verteilerliste, Verteiler
inbox ['ɪnbɒks]	Posteingang
incoming mail ['ɪnkɒmɪŋ meɪl]	Posteingang
outgoing mail ['aʊtgəʊɪŋ meɪl]	Postausgang
draft [drɑ:ft]	Entwurf
attach [ə'tætʃ]	anhängen, beifügen
attachment [ə'tætʃmənt]	Anlage
asap (as soon as possible) [eɪ es eɪ 'pi:]	so bald wie möglich, schnellstmöglich
fax [fæks]	(Tele-)Fax, faxen
Did you get my fax?	Haben Sie mein Fax bekommen?
send a fax [send ə fæks]	ein (Tele-)Fax schicken

3. Telefonieren

phone [fəʊn]	Telefon, anrufen
telephone ['telɪfəʊn]	Telefon, anrufen
mobile (phone) *BE* ['məʊbaɪl (fəʊn)], **cell (phone)** *AE* ['sel (fəʊn)]	Handy, Mobiltelefon

Der im Deutschen gebräuchliche Begriff „Handy" für Mobiltelefon wird nicht mit dem englischen Wort *handy* übersetzt. Im Englischen wird *handy* nur als Adjektiv gebraucht und bedeutet „praktisch" oder „gelegen". Es besteht keine direkte Beziehung zum deutschen Begriff „Handy". Dieser wird im britischen Englisch mit *mobile (phone)*, im amerikanischen mit *cell phone* übersetzt. Einige gebräuchliche Begriffe im Zusammenhang mit *mobile phone* sind:

battery	Akku	*reception*	Empfang
charger	Ladegerät	*network*	Netz
Wi-Fi	WLAN	*provider*	Anbieter
text message	SMS	*memory*	Speicher

call [kɔːl] — Anruf, anrufen
There was a call for you from London. — Da war ein Anruf für Sie aus London.

make a call [meɪk ə ˈkɔːl] — ein Telefongespräch führen

local call [ˈləʊkl kɔːl] — Ortsgespräch

international call [ɪntəˈnæʃnəl kɔːl] — Auslandsgespräch

give sb. a call [gɪv ˈsʌmbədɪ ə kɔːl] — jdn. anrufen
Give me a call sometime. — Ruf mich doch mal an.

caller [ˈkɔːlə] — Anrufer(in)

ring [rɪŋ] — anrufen

dial a number [daɪəl ə ˈnʌmbə] — eine Nummer wählen

mobile/cell number [ˈməʊbaɪl/sel ˈnʌmbə] — Handynummer

access code [ˈækses kəʊd] — Einwahlnummer

country code [ˈkʌntrɪ kəʊd] — Landesvorwahl

area code [ˈeərɪə kəʊd] — Vorwahl

extension number [ɪkˈstenʃən ˈnʌmbə] — Durchwahl
His extension number is 97. — Seine Durchwahl ist die 97.

receiver [rɪˈsiːvə] — Hörer

speak to [ˈspiːk tə] — sprechen mit
Good morning, I'd like to speak to the sales manager, please. — Guten Morgen, ich möchte bitte den Verkaufsleiter sprechen.

> **i** Wenn Sie selbst anrufen, können Sie so beginnen:
> *Good morning. This is Anna Müller from Rett. May I speak to Mr Smith please?* — Hier ist Anna Müller von Rett. Kann ich bitte Herrn Smith sprechen?

speaking [ˈspiːkɪŋ] — am Apparat, sprechend
This is Rachel Jones speaking. — Rachel Jones am Apparat.

put through [pʊt ˈθruː] — durchstellen, verbinden
Could you please put me through to the export department? — Bitte verbinden Sie mich mit der Exportabteilung.

be transferred [bɪː trænsˈfɜːd] — weiterverbunden werden

connect sb. [kə'nekt 'sʌmbədɪ] — jdn. verbinden
reach sb. [riːtʃ 'sʌmbədɪ] — jdn. erreichen
have the wrong number [hæv ðə rɒŋ 'nʌmbə] — falsch verbunden sein
call back [kɔːl 'bæk] — zurückrufen
How are you? [haʊ ɑː 'juː] — Wie geht es Ihnen?

> **i** Ein herzliches Willkommen ist ideal, um eine Geschäftsbeziehung zu pflegen:
> *Oh, Mr Smith, how nice to hear from you. How are things in London?* — Schön, dass Sie anrufen, Herr Smith. Wie läuft's denn bei Ihnen in London?
> Auch über das Wetter kann man immer sprechen:
> *How's the weather in London?* — Wie ist das Wetter in London?
> Meistens hört man *awful, rainy, cold and damp* als Antwort.

busy ['bɪzɪ] — beschäftigt, besetzt (Telefon)
  I'm afraid he's busy at the moment. — Es tut mir leid, aber er ist im Moment beschäftigt.
unavailable [ʌnə'veɪləbl] — nicht erreichbar
engaged [ɪn'geɪdʒd] — besetzt (Telefon), beschäftigt
  He is currently engaged. — Seine Leitung ist gerade besetzt.
hold on [həʊld 'ɒn] — am Apparat bleiben, warten
hold the line [həʊld ðə 'laɪn] — am Apparat bleiben
  Please hold the line. — Bitte bleiben Sie am Apparat.
voice-mail ['vɔɪsmeɪl] — Voicemail
erase [ɪ'reɪz] — löschen
  To erase your message press 3. — Um Ihre Nachricht zu löschen, drücken Sie die 3.

message ['mesɪdʒ] — Nachricht, Mitteilung
leave a message [liːv ə 'mesɪdʒ] — eine Nachricht hinterlassen
  Would you like to leave a message for Ms Wood? — Möchten Sie für Frau Wood eine Nachricht hinterlassen?
telephone conference ['telɪfəʊn 'kɒnfrəns] — Telefonkonferenz

text (message) [tekst ('mesɪdʒ)]	SMS
answering machine ['ɑːnsərɪŋ mə'ʃiːn]	Anrufbeantworter
Please leave a message on my answering machine.	Bitte sprechen Sie auf meinen Anrufbeantworter.
tone [təʊn]	Signalton
Please speak after the tone.	Bitte sprechen Sie nach dem Signalton.
take a message [teɪk ə 'mesɪdʒ]	etw. ausrichten
Can I take a message?	Kann ich etw. ausrichten?
note [nəʊt]	Notiz, Vermerk, sich notieren
I left her a note.	Ich habe ihr einen Zettel geschrieben.
spell [spel]	buchstabieren
Could you spell your name, please?	Könnten Sie bitte Ihren Namen buchstabieren?
capital A ['kæpɪtl eɪ]	großes A
small b [smɔːl biː]	kleines b
dot (.) [dɒt]	Punkt
slash (/) [slæʃ]	Schrägstrich
dash (-) [dæʃ]	Bindestrich
repeat [rɪ'piːt]	wiederholen
Could you please repeat that?	Könnten Sie das bitte wiederholen?

i So reagieren Sie, wenn Sie den Anrufer nicht verstehen:

I'm sorry, the line is very bad. I'm afraid I missed what you said. Could you please speak up/louder/more clearly? — Es tut mir leid, aber die Verbindung ist sehr schlecht. Ich habe leider nicht alles mitbekommen. Könnten Sie bitte etwas lauter/klarer sprechen?

information [ɪnfə'meɪʃən]	Auskunft
details *pl* **of** ['diːteɪlz əv]	Einzelheiten über
reason ['riːzn]	Grund
The reason I am calling is that I urgently need to talk to you about schedules.	Der Grund meines Anrufes ist, dass ich dringend mit Ihnen über die Zeitpläne sprechen muss.
question ['kwestʃən]	Frage, fragen
Do you have any other questions?	Haben Sie noch irgendwelche Fragen?

query [ˈkwɪərɪ] — (Rück-)Frage
make an appointment [meɪk ən əˈpɔɪntmənt] — einen Termin vereinbaren
Please make an appointment with my assistant. — Bitte vereinbaren Sie einen Termin mit meinem Assistenten.
fix [fɪks] — festlegen
Can we fix an appointment now? — Können wir jetzt einen Termin festlegen?
contact [ˈkɒntækt] — sich in Verbindung setzen mit, kontaktieren, Kontakt(person)
get in touch with [get ɪn ˈtʌtʃ wɪð] — sich in Verbindung setzen mit
I'll get in touch with you about the export prices very soon. — Ich setze mich umgehend mit Ihnen wegen der Exportpreise in Verbindung.
end the call [end ðə ˈkɔːl] — das Gespräch beenden
goodbye [gʊdˈbaɪ] — auf Wiederhören

> *i* Wenn Sie das Gespräch stilvoll und freundlich beenden möchten, sagen Sie:
> *It's been a pleasure speaking to you.* — Ich habe mich gefreut, mit Ihnen zu sprechen.
> *Thank you, you've been most helpful.* — Vielen Dank, Sie haben mir sehr weitergeholfen.
> Informeller und persönlicher dagegen ist z.B.:
> *Well, I'll let you get on with your work, goodbye.* — Ich halte Sie/dich schon zu lange von der Arbeit ab. Auf Wiederhören.
> Man antwortet:
> *You're welcome.* — Bitte! Gern geschehen.

Thank you for calling. [θæŋk juː fə ˈkɔːlɪŋ] — Vielen Dank für Ihren Anruf.
You're welcome. [jʊə ˈwelkəm] — gern geschehen, keine Ursache
Have a nice day! [hæv ə naɪs ˈdeɪ] — Einen schönen Tag noch!
regards *pl* [rɪˈgɑːdz] — Grüße
Please give my regards to Ms Wood. — Bitte grüßen Sie Frau Wood von mir.
hang up [hæŋ ˈʌp] — auflegen
ring off [rɪŋ ˈɒf] — auflegen

1. Buchen und Reservieren

book [bʊk]	buchen, reservieren
booking ['bʊkɪŋ]	Buchung, Reservierung
reservation [rezə'veɪʃən]	Reservierung, Vorbestellung, Vorbehalt
Would you like to make a reservation?	Möchten Sie reservieren?
reserve [rɪ'zɜːv]	reservieren (lassen)
confirm a booking [kən'fɜːm ə 'bʊkɪŋ]	eine Buchung bestätigen
Please confirm the booking by fax.	Bitte bestätigen Sie die Buchung per Fax.
make arrangements [meɪk ə'reɪndʒmənts]	Vorbereitungen treffen
arrange a meeting [ə'reɪndʒ ə 'miːtɪŋ]	eine Besprechung vereinbaren
schedule ['ʃedjuːl]	Zeitplan, Terminplan, planen, ansetzen
The meeting is scheduled for next week.	Die Besprechung ist für nächste Woche geplant.
scheduling ['ʃedjuːlɪŋ]	Terminplanung
diary ['daɪərɪ]	Terminkalender
I will put it in my diary.	Ich trage es in meinen Terminkalender ein.
check one's diary [tʃek wʌnz 'daɪərɪ]	im Terminkalender nachsehen
travel agency ['trævl 'eɪdʒənsɪ]	Reisebüro
destination [destɪ'neɪʃən]	Reiseziel
arrival date [ə'raɪvl deɪt]	Ankunftsdatum
departure date [dɪ'pɑːtʃə deɪt]	Abreisedatum
itinerary [aɪ'tɪnərərɪ]	Reiseroute, Ablauf (einer Reise)
accommodation [əkɒmə'deɪʃən]	Unterkunft
Do we need accommodation during the trade fair?	Brauchen wir während der Messe Unterkunftsmöglichkeiten?
vacancies *pl* ['veɪkənsɪz]	freie Zimmer
fully booked ['fʊlɪ bʊkt]	ausgebucht
abroad [ə'brɔːd]	im/ins Ausland
overseas [əʊvə'siːz]	Übersee…, Auslands…, im Ausland

passport ['pɑːspɔːt]	Reisepass
valid ['vælɪd]	gültig
visa ['viːzə]	Visum
apply for a visa [ə'plaɪ fər ə 'viːzə]	ein Visum beantragen
city centre ['sɪtɪ 'sentə]	Stadtzentrum
near [nɪə]	in der Nähe von
hotel facilities *pl* [həʊ'tel fə'sɪlətɪz]	Hoteleinrichtungen, -ausstattung
We would like to have details of your hotel's sports facilities.	Wir würden gerne Einzelheiten über die hoteleigenen Sportanlagen erfahren.
ticket ['tɪkɪt]	Fahrkarte
fare [feə]	Fahrpreis, Flugpreis
train ticket [treɪn 'tɪkɪt]	Bahnfahrkarte
flight ticket [flaɪt 'tɪkɪt]	Flugticket
single ticket ['sɪŋgl 'tɪkɪt]	einfache Fahrt
return ticket [rɪ'tɜːn 'tɪkɪt]	hin und zurück, Rückfahrkarte
I would like a first class return ticket to Manchester.	Ich möchte eine Fahrkarte erster Klasse nach Manchester, hin und zurück.
connection [kə'nekʃən]	Verbindung, Anschluss
credit card ['kredɪt kɑːd]	Kreditkarte
business class ['bɪznɪs klɑːs]	erste Klasse, Business Klasse
economy class [ɪ'kɒnəmɪ klɑːs]	zweite Klasse
travel allowance ['trævl ə'laʊəns]	Reisekostenvergütung
travelling expenses *pl* ['trævəlɪŋ ɪk'spensɪz]	Reisespesen
You can reclaim any travelling expenses.	Sie können jegliche Reisekosten zurückfordern.
receipt [rɪ'siːt]	Beleg, Quittung
reimburse [riːɪm'bɜːs]	erstatten

2. Unterwegs

airport ['eəpɔːt]	Flughafen
airline ['eəlaɪn]	Fluglinie

flight [flaɪt]	Flug
scheduled flight [ˈʃedjuːld flaɪt]	Linienflug
connecting flight [kəˈnektɪŋ flaɪt]	Anschlussflug
My connecting flight leaves in one hour.	Mein Anschlussflug fliegt in einer Stunde ab.
non-stop flight [ˈnɒnstɒp flaɪt]	Direktflug
domestic flight [dəˈmestɪk flaɪt]	Inlandsflug
take off [teɪk ˈɒf]	abfliegen, abheben
land [lænd]	landen
delay [dɪˈleɪ]	Verspätung
The flight is delayed by two hours.	Der Flug hat zwei Stunden Verspätung.
cancel [ˈkænsl]	stornieren, absagen
All flights to Heathrow have been cancelled due to bad weather.	Wegen schlechten Wetters wurden alle Flüge nach Heathrow abgesagt.
terminal [ˈtɜːmɪnəl]	Terminal, Abfertigungsgebäude
check-in desk [ˈtʃekɪn desk]	Abfertigung(sschalter), Check-In-Schalter
arrival lounge [əˈraɪvl laʊndʒ]	Ankunftshalle
departure lounge [dɪˈpɑːtʃə laʊndʒ]	Abflughalle
disabled access [dɪsˈeɪbld ˈækses]	behindertengerechter Zugang
gate [geɪt]	Flugsteig
boarding pass [ˈbɔːdɪŋ pɑːs]	Bordkarte
You must show your boarding pass when entering the aircraft.	Sie müssen Ihre Bordkarte beim Einsteigen in die Maschine vorzeigen.
luggage *BE* [ˈlʌgɪdʒ], **baggage** *AE* [ˈbægɪdʒ]	Gepäck
baggage (re)claim [ˈbægɪdʒ (ˈrɪ)kleɪm]	Gepäckausgabe
hand luggage [hænd ˈlʌgɪdʒ]	Handgepäck
briefcase [ˈbriːfkeɪs]	Aktentasche
announcement [əˈnaʊnsmənt]	Durchsage, Ansage
surcharge [ˈsɜːtʃɑːdʒ]	Zuschlag, Aufpreis
The airline has increased its fuel surcharge.	Die Fluggesellschaft hat ihren Treibstoffzuschlag erhöht.
public transport [ˈpʌblɪk ˈtrænspɔːt]	öffentliche Verkehrsmittel

traffic ['træfɪk]	Verkehr
train [treɪn]	Zug
train station [treɪn 'steɪʃən]	Bahnhof
railway ['reɪlweɪ]	(Eisen-)Bahn
platform *BE* ['plætfɔːm], **track** *AE* [træk]	Bahnsteig, Gleis
The train leaves from platform six.	Der Zug fährt von Bahnsteig sechs ab.

> Im britischen Englisch wird für Bahnsteig/Gleis *platform* verwendet. Im amerikanischen Englisch spricht man dagegen von *track*.
> *The train is now leaving from track nine.* — Auf Gleis neun fährt ab …

catch a train [kætʃ ə 'treɪn]	einen Zug erreichen
miss a train [mɪs ə 'treɪn]	einen Zug verpassen
change trains [tʃeɪndʒ 'treɪnz]	umsteigen
I will have to change trains in Liverpool.	Ich muss in Liverpool umsteigen.
time of arrival [taɪm əv ə'raɪvl]	Ankunftszeit
expected time of arrival (ETA) [ɪks'pektɪd taɪm əv ə'raɪvl]	voraussichtliche Ankunftszeit
actual time of arrival ['æktʃuəl taɪm əv ə'raɪvl]	(tatsächliche) Ankunftszeit
time of departure [taɪm əv dɪ'pɑːtʃə]	Abflugzeit, Abfahrtszeit
waiting room ['weɪtɪŋ ruːm]	Wartesaal
timetable ['taɪmteɪbl]	Fahrplan
first class [fɜːst 'klɑːs]	erste Klasse(-Abteil)
supplement ['sʌplɪmənt]	Zuschlag
Passengers must pay a supplement for express trains.	Für Schnellzüge ist ein Zuschlag zu entrichten.
left-luggage office [left'lʌgɪdʒ 'ɒfɪs]	Gepäckaufbewahrung
left-luggage locker [left'lʌgɪdʒ 'lɒkə]	Schließfach
reservation [resə'veɪʃən]	Reservierung
compartment [kəm'pɑːtmənt]	Abteil

non-smoking compartment [nɒnˈsməʊkɪŋ kəmˈpɑːtmənt]	Nichtraucherabteil
window seat [ˈwɪndəʊ siːt]	Fensterplatz
aisle seat [ˈaɪl siːt]	(zusätzlicher) Sitz im Gang
vacant [ˈveɪkənt]	frei, nicht besetzt
occupied [ˈɒkjʊpaɪd]	besetzt
taken [ˈteɪkən]	besetzt
bus [bʌs]	Bus
coach *BE* [kəʊtʃ]	Reisebus
car [kɑː]	Auto
hire a car [ˈhaɪər ə kɑː]	ein Auto mieten
car hire [kɑː ˈhaɪə]	Autovermietung
car rental [kɑː ˈrentl]	Autovermietung
driving licence *BE* [ˈdraɪvɪŋ ˈlaɪsɪns]	Führerschein
Do you have an international driving licence?	Haben Sie einen internationalen Führerschein?

i In den USA heißt *driver's license* „Führerschein". Er dient dort oft auch als Ausweis.

vehicle [ˈvɪːəkl]	Fahrzeug
insurance [ɪnˈʃʊərəns]	Versicherung
mileage charge [ˈmaɪlɪdʒ tʃɑːdʒ]	Kilometerpauschale
rental charge [ˈrentl tʃɑːdʒ]	Mietgebühr
What is the rental charge per day?	Wie hoch ist die Mietgebühr pro Tag?
right-hand drive car [ˈraɪthænd draɪv kɑː]	Rechtslenker
car park [ˈkɑː pɑːk]	Parkplatz
no parking [nəʊ ˈpɑːkɪŋ]	Parkverbot
motorway *BE* [ˈməʊtəweɪ]	Autobahn

i In den USA nennt man Autobahnen *interstate (highway)* oder *freeway.*

breakdown [ˈbreɪkdaʊn]	Panne

petrol *BE* [ˈpetrəl], **gas** *AE* [gæs]	Benzin

Der amerikanische Begriff *gas* ist die Verkürzung von *gasoline* für diesen Treibstoff (*fuel*).

petrol station [ˈpetrəl ˈsteɪʃən]	Tankstelle
diesel [ˈdiːzl]	Diesel(kraftstoff)
fill up [fɪl ˈʌp]	volltanken
unleaded (petrol) [ʌnˈledɪd (ˈpetrəl)]	bleifrei, bleifreies Benzin
speed limit [spiːd ˈlɪmɪt]	erlaubte Höchstgeschwindigkeit
The speed limit on British motorways is 70 mph.	Die erlaubte Höchstgeschwindigkeit auf britischen Autobahnen beträgt 70 Meilen pro Stunde (112 km/h).
underground *BE* [ˈʌndəgraʊnd], **subway** *AE* [ˈsʌbweɪ]	U-Bahn

Die Londoner U-Bahn wird *the Tube* genannt. Sie ist die älteste Untergrundbahn der Welt.

taxi *BE* [ˈtæksɪ], **cab** *AE* [kæb]	Taxi
taxi rank [ˈtæksɪ ræŋk]	Taxistand

3. Im Hotel

hotel reception [həʊˈtel rɪˈsepʃən]	Rezeption, Empfang
check in [tʃek ˈɪn]	einchecken, sich anmelden
check out [tʃek ˈaʊt]	abreisen
single room [ˈsɪŋgl ruːm]	Einzelzimmer
double room [ˈdʌbl ruːm]	Doppelzimmer
Please quote us for three double rooms on a bed and breakfast basis for a period of four nights.	Bitte nennen Sie uns Ihren Tarif für drei Doppelzimmer mit Übernachtung und Frühstück für vier Nächte.

bed and breakfast (B&B) [bed ən ˈbrekfəst]	Zimmer mit Frühstück, Übernachtung und Frühstück
half-board [hɑːfˈbɔːd]	Halbpension
en suite room [ɒn ˈswiːt ruːm]	Zimmer mit Bad
floor [flɔː]	Etage
bill [bɪl], **check** *AE* [tʃek]	Rechnung
Please send all bills to our company.	Bitte schicken Sie alle Rechnungen an unsere Firma.
settle the bill [ˈsetl ðə bɪl]	die Rechnung begleichen
price per night [praɪs pə ˈnaɪt]	Preis pro Übernachtung
corporate rates *pl* [ˈkɔːpərət reɪts]	Firmentarife
Please let us have details of your corporate rates for the accommodation requested.	Bitte schicken Sie uns für die gewünschte Unterbringung Einzelheiten Ihrer Firmentarife.
stay [steɪ]	Aufenthalt
room key [ˈruːm kiː]	Zimmerschlüssel
lift *BE* [lɪft], **elevator** *AE* [ˈeləveɪtə]	Aufzug
restaurant [ˈrestrɒnt]	Restaurant
menu [ˈmenjuː]	Speisekarte
breakfast [ˈbrekfəst]	Frühstück

ℹ Beim Hotelfrühstück kann man meist wählen zwischen einem *continental breakfast* mit Kaffee, Brötchen, Müsli usw. und einem warmen *full English breakfast*, das *sausages, fried or scrambled eggs, bacon, fried mushrooms, grilled tomatoes, baked beans* und oft auch *kippers* (warme Räuchermakrelen) sowie mehrere Scheiben *toast* mit *marmalade* (Bitterorangenmarmelade) umfasst.

breakfast buffet [ˈbrekfəst ˈbʊfeɪ]	Frühstücksbuffet
included [ɪnˈkluːdəd]	eingeschlossen, inbegriffen
opening times *pl* [ˈəʊpnɪŋ taɪmz]	Öffnungszeiten
What are the opening times for the hotel restaurant?	Wann hat das Hotelrestaurant geöffnet?

lounge bar [ˈlaʊndʒ bɑː]	Bar
room service [ruːm ˈsɜːvɪs]	Zimmerservice
parking facilities *pl* [ˈpɑːkɪŋ fəˈsɪləti:z]	Parkplätze
equipped with [ɪˈkwɪpt wɪð]	ausgestattet mit
tip [tɪp]	Trinkgeld
porter [ˈpɔːtə]	Portier, Hoteldiener

4. Geschäftsessen/Small Talk

business lunch [ˈbɪznəs lʌntʃ]	Geschäftsessen (Mittag)
dinner [ˈdɪnə]	Geschäftsessen (Abend)
invite [ɪnˈvaɪt]	einladen
invitation [ɪnvɪˈteɪʃən]	Einladung
accept an invitation [əkˈsept ən ɪnvɪˈteɪʃən]	eine Einladung annehmen
turn down an invitation [tɜːn daʊn ən ɪnvɪˈteɪʃən]	eine Einladung ablehnen
Due to my busy schedule, I'm sorry I must turn down your kind invitation to lunch.	Auf Grund meines vollen Terminkalenders muss ich Ihre freundliche Einladung zum Mittagessen leider ablehnen.
restaurant [ˈrestrɒnt]	Restaurant
book a table [bʊk ə ˈteɪbl]	einen Tisch reservieren
hospitality [hɒspɪˈtæləti]	Gastfreundlichkeit
handshake [ˈhændʃeɪk]	Handschlag, Händeschütteln
meet [miːt]	sich treffen, kennenlernen
Let's meet in the bar at 8 p.m.	Treffen wir uns um 20 Uhr in der Bar.
introduce o.s. [ɪntrəˈdjuːs]	sich vorstellen
I don't think we've met. Please allow me to introduce myself.	Ich glaube, wir kennen uns noch nicht. Darf ich mich Ihnen deshalb vorstellen.
introduce sb. [ɪntrəˈdjuːs ˈsʌmbədɪ]	jmd. vorstellen
May I introduce ...?	Darf ich ... vorstellen?
on first-name terms [ɒn ˈfɜːstneɪm tɜːmz]	per Du

> *i* Wenn Sie sich bei einem englischsprachigen Geschäftspartner vorstellen, nennen Sie Ihren Vor- und Nachnamen. Seien Sie nicht überrascht, wenn Sie gleich mit dem Vornamen angesprochen werden. Dies ist durchaus üblich, auch bei Geschäftstelefonaten.

be pleased [bɪ ˈpliːzd]	sich freuen
I'm very pleased to meet you.	Angenehm (Ihre Bekanntschaft zu machen).
business card [ˈbɪznəs kɑːd]	Geschäftskarte, Visitenkarte
seating plan [ˈsiːtɪŋ plæn]	Sitzplan, Sitzordnung
drinks *pl* [drɪŋks]	Getränke
Would you like to order some drinks?	Möchten Sie Getränke bestellen?
starter [ˈstɑːtə]	Vorspeise
main course [ˈmeɪn kɔːs]	Hauptgang, Hauptgericht
dessert [dɪˈzɜːt]	Nachtisch
bill [bɪl], **check** *AE* [tʃek]	Rechnung
Could I have the bill, please?	Die Rechnung bitte.
credit card [ˈkredɪt kɑːd]	Kreditkarte
I would like to pay by credit card.	Ich möchte mit Kreditkarte bezahlen.
small talk [ˈsmɔːl tɔːk]	Small Talk, Tischgespräch
Suitable subjects for small talk are weather, travel and accommodation.	Passende Themen für den Small Talk sind das Wetter, Reisen und die Unterkunft.
a pleasant flight [ə ˈpleznt flaɪt]	ein angenehmer Flug
Did you have a pleasant flight?	Hatten Sie einen angenehmen Flug?
a comfortable hotel [ə ˈkʌmftəbl həʊˈtel]	ein angenehmes Hotel, eine gute Unterbringung
weather [ˈweðə]	Wetter
The weather is unusually warm for this time of year.	Das Wetter ist ungewöhnlich warm für diese Jahreszeit.
sight [saɪt]	Sehenswürdigkeit
Are there any famous sights which I could visit?	Gibt es hier bekannte Sehenswürdigkeiten, die ich besuchen könnte?

1. Grundbegriffe

economy [ɪˈkɒnəmɪ]	Wirtschaft, Ökonomie
The world economy is in good shape.	Die Weltwirtschaft läuft gut.
industrial economy [ɪnˈdʌstrɪəl ɪˈkɒnəmɪ]	Industriewirtschaft
global economy [ˈgləʊbəl ɪˈkɒnəmɪ]	Weltwirtschaft
free market economy [friː ˈmɑːkɪt ɪˈkɒnəmɪ]	freie Marktwirtschaft
social market economy [ˈsəʊʃəl ˈmɑːkɪt ɪˈkɒnəmɪ]	soziale Marktwirtschaft
national economy [ˈnæʃənəl ɪˈkɒnəmɪ]	Volkswirtschaft
world economy [wɜːld ɪˈkɒnəmɪ]	Weltwirtschaft

Staaten werden wirtschaftlich nach verschiedenen Entwicklungsstadien gruppiert. Die wichtigsten Kategorien sind:

industrial country	Industrieland
developed country	Industrieland
developing country	Entwicklungsland
newly industrialised country	Schwellenland

economics [iːkəˈnɒmɪks]	Volkswirtschaftslehre, Ökonomie
economist [ɪˈkɒnəmɪst]	Volkswirtschaftler(in)
Keynes was a famous economist.	Keynes war ein berühmter Volkswirtschaftler.
globalization [gləʊbəlaɪˈzeɪʃən]	Globalisierung
Globalization presents numerous challenges.	Die Globalisierung stellt uns vor zahlreiche Herausforderungen.
global market [ˈgləʊbəl ˈmɑːkɪt]	globaler Markt
domestic [dəˈmestɪk]	Innen…, Inlands…, Binnen…
home market [həʊm ˈmɑːkɪt]	Binnenmarkt
protectionism [prəˈtekʃənɪzm]	Protektionismus
Import duties are a form of protectionism.	Einfuhrzölle sind eine Art Protektionismus.

economize [ɪ'kɒnəmaɪz] — haushalten, sparen

The factory will have to economize on manpower due to rising wage levels. — Auf Grund steigender Löhne wird die Fabrik Arbeitskräfte einsparen müssen.

economy measure [ɪ'kɒnəmɪ 'meʒə] — Sparmaßnahme

economy drive [ɪ'kɒnəmɪ draɪv] — Sparkurs

economic/al [i:kə'nɒmɪk/əl] — wirtschaftlich, sparsam, rentabel

This fridge has especially economical energy consumption. — Dieser Kühlschrank hat einen besonders sparsamen Energieverbrauch.

> *Economical* oder *economic* bedeuten beide „wirtschaftlich" und „preiswert". In Zusammensetzungen, wie z.B. *economic figures* (die Wirtschaftszahlen) oder *economic targets* (Wirtschaftsziele), wird nur *economic* verwendet und zwar in der Bedeutung „wirtschaftlich". Bei Zusammensetzungen heißt es dann „Wirtschafts…" .

uneconomical [ʌni:kə'nɒmɪkəl] — unwirtschaftlich, unökonomisch

It would be uneconomical to repair this printer. — Es wäre unwirtschaftlich, diesen Drucker zu reparieren.

profitability [prɒfɪtə'bɪlɪtɪ] — Rentabilität

profitable ['prɒfɪtəbl] — rentabel

We focus on our most profitable businesses. — Wir konzentrieren uns auf unsere rentabelsten Geschäfte.

> Es gibt verschiedene Synonyme für *profitable*, z. B.:
>
> | | |
> |---|---|
> | *productive* | produktiv, ertragreich |
> | *rewarding* | lohnend |
> | *remunerative* | einträglich |
> | *lucrative* | lukrativ |

unprofitable [ʌn'prɒfɪtəbl] — wenig einträglich, unrentabel

sustainable [səs'taɪnəbl] — nachhaltig

financial crisis [faɪ'nenʃəl 'kraɪsɪs] — Finanzkrise

division of labour [dɪ'vɪʒən əv 'leɪbə] — Arbeitsteilung

2. Wirtschaftspolitik/Volkswirtschaftslehre

economic policy [iːkəˈnɒmɪk ˈpɒləsɪ]	Wirtschaftspolitik
economic indicators *pl* [iːkəˈnɒmɪk ˈɪndɪkeɪtəz]	Wirtschaftsindikatoren
balance of trade [ˈbæləns əv ˈtreɪd]	Handelsbilanz
balance of payments [ˈbæləns əv ˈpeɪmənts]	Zahlungsbilanz
A country's balance of payments covers all economic transactions with all other countries.	Die Zahlungsbilanz eines Landes beinhaltet alle wirtschaftlichen Aktivitäten mit allen anderen Ländern.
trade surplus [treɪd ˈsɜːpləs]	Handelsüberschuss
trade deficit [treɪd ˈdefɪsɪt]	Handelsdefizit
net [net]	netto, Netto…
gross [grəʊs]	brutto, Brutto…
Gross Domestic Product (GDP) [grəʊs dəˈmestɪk ˈprɒdʌkt]	Bruttoinlandsprodukt
In 2016 GDP rose by 4%.	2016 stieg das Bruttoinlandsprodukt um 4 %.
Gross National Product (GNP) [grəʊs ˈnæʃənəl ˈprɒdʌkt]	Bruttosozialprodukt
inflation [ɪnˈfleɪʃən]	Inflation
Inflation erodes the value of savings.	Die Inflation zehrt den Wert von Spargeldern auf.
inflation rate [ɪnˈfleɪʃən reɪt]	Inflationsrate
curb inflation [kɜːb ɪnˈfleɪʃən]	die Inflation zügeln
The central bank has taken steps to curb the rising inflation.	Die Zentralbank hat Schritte unternommen, um die steigende Inflation zu zügeln.
deflation [dɪˈfleɪʃən]	Deflation
adjust [əˈdʒʌst]	anpassen, angleichen
The figures have been adjusted for inflation.	Die Zahlen sind inflationsbereinigt.
unemployment [ʌnɪmˈplɔɪmənt]	Arbeitslosigkeit
market forces *pl* [ˈmɑːkɪt ˈfɔːsɪz]	Marktkräfte

3. Wirtschaftssektoren

sector ['sektə]	Sektor, Branche
primary sector ['praɪmərɪ 'sektə]	primärer Wirtschaftssektor
agriculture ['ægrɪkʌltʃə]	Landwirtschaft, Ackerbau
agricultural [ægrɪ'kʌltʃərəl]	landwirtschaftlich
farming ['fɑːmɪŋ]	Landwirtschaft
mining industry ['maɪnɪŋ 'ɪndʌstrɪ]	Bergbau
secondary sector [sekəndərɪ 'sektə]	sekundärer Wirtschaftssektor
industry ['ɪndəstrɪ]	Industrie, Branche
industrial [ɪn'dʌstrɪəl]	industriell, Industrie…
manufacturing sector [mænju'fæktʃərɪŋ 'sektə]	sekundärer Sektor
manufacture [mænju'fæktʃə]	Herstellung, herstellen, produzieren
production [prə'dʌkʃən]	Herstellung, Produktion
semi-finished goods *pl* ['semɪfɪnɪʃt gʊdz]	Halberzeugnisse
finished product ['fɪnɪʃt 'prɒdʌkt]	Endprodukt, Fertigprodukt
The finished product must be free from defects.	Das Endprodukt muss fehlerfrei sein.
tertiary sector ['tɜːʃərɪ 'sektə]	tertiärer Sektor
service ['sɜːvɪs]	Dienstleistung
service sector ['sɜːvɪs 'sektə]	Dienstleistungssektor

Beispiele für Dienstleistungsbereiche sind z.B.:

wholesale and retail	Groß- und Einzelhandel
tourism	Tourismus
transport	Transportwesen
broadcasting media	Rundfunk und Fernsehen
event and conference organisation	Veranstaltungs- und Eventorganisation
healthcare	Gesundheitsvorsorge
banking and insurance	Bank- und Versicherungswesen
education and training	Aus- und Weiterbildung
advertising and marketing	Werbung und Marketing

public sector [ˈpʌblɪk ˈsektə]	öffentlicher Sektor
private sector [ˈpraɪvɪt ˈsektə]	Privatwirtschaft

4. Konjunktur

economic cycle [iːkəˈnɒmɪk ˈsaɪkl]	Konjunktur(zyklus)
economic upturn [iːkəˈnɒmɪk ˈʌptɜːn]	Konjunkturbelebung
economic boom [iːkəˈnɒmɪk buːm]	Konjunkturaufschwung
boom [buːm]	Aufschwung, Hochkonjunktur
China had experienced an economic boom.	Die chinesische Wirtschaft hatte einen Aufschwung erlebt.
boost [buːst]	ankurbeln, fördern
Tax cuts can boost the economy.	Steuersenkungen können die Wirtschaft ankurbeln.
grow [grəʊ]	wachsen, zunehmen
growth [grəʊθ]	Wachstum, Zunahme
economic growth [iːkəˈnɒmɪk ˈgrəʊθ]	Wirtschaftswachstum
Since 2013 the country has enjoyed steady economic growth.	Seit 2013 erfreut sich das Land eines kontinuierlichen Wirtschaftswachstums.

i Man spricht von der Konjunktur oft wie von einem Patienten:

The economy is ailing.	Die Wirtschaft kränkelt momentan.
The economy is now stable.	Die Wirtschaftslage ist jetzt stabil.
The economic figures are showing signs of weakness.	Die Wirtschaftszahlen zeigen sich schwach.
The economy is recovering slowly/is recuperating.	Die Wirtschaft erholt sich langsam/gesundet.

growth rate [ˈgrəʊθ reɪt]	Wachstumsrate
year's high [jɪəz ˈhaɪ]	Jahreshöchststand
peak [piːk]	Hochpunkt, den Höhepunkt erreichen

soar [sɔː]	in die Höhe schnellen
Profits have soared this year.	Die Gewinne sind dieses Jahr in die Höhe geschnellt.
remain stable [rɪˈmeɪn steɪbl]	stabil bleiben
stability [stəˈbɪlɪtɪ]	Stabilität
economic stagnation [iːkəˈnɒmɪk stægˈneɪʃən]	Wirtschaftsstagnation
economic downturn [iːkəˈnɒmɪk ˈdaʊntɜːn]	Konjunkturrückgang, Abschwung
economic slump [iːkəˈnɒmɪk slʌmp]	Konjunktureinbruch
slump [slʌmp]	drastisch zurückgehen, Einbruch
Sales have really slumped recently.	Vor Kurzem sind die Umsätze drastisch zurückgegangen.
recession [rɪˈseʃən]	Rezession
lull [lʌl]	Flaute
low [ləʊ]	niedrig, gering, Tiefstand
tackle [tækl]	angehen, in Angriff nehmen
The government is tackling the problem of low growth.	Die Regierung geht das Problem des niedrigen Wachstums an.
bottom [ˈbɒtəm]	Tiefpunkt, Tiefstand
bottom out [ˈbɒtəm ˈaʊt]	den Tiefpunkt erreichen
When will the market bottom out?	Wann wird der Markt den Tiefpunkt erreichen?
decline [dɪˈklaɪn]	zurückgehen, ablehnen
decline in prices [dɪˈklaɪn ɪn ˈpraɪsəz]	Preisverfall
decrease [ˈdɪkriːs]	Abnahme, Rückgang
decrease in demand [ˈdɪkriːs ɪn dɪˈmɑːnd]	Nachfragerückgang
decrease [dɪˈkriːs]	abnehmen, nachlassen
fall [fɔːl]	Rückgang, zurückgehen, sinken, fallen
Demand has fallen significantly.	Die Nachfrage ist stark gesunken.
rally [ˈrælɪ]	Aufschwung, Erholung
recover [rɪˈkʌvə]	sich erholen
Exports recovered in the first quarter.	Im ersten Quartal erholten sich die Exportzahlen.

economic recovery [iːkəˈnɒmɪk rɪˈkʌvərɪ]	Konjunkturaufschwung, Erholung
stage a recovery [ˈsteɪdʒ ə rɪˈkʌvərɪ]	sich erholen, eine Erholung einleiten
reflate [riːˈfleɪt]	ankurbeln
reflation [riːˈfleɪʃən]	Reflation, Ankurbelung der Konjunktur
economic forecast [iːkəˈnɒmɪk ˈfɔːkɑːst]	Konjunkturprognose
Their economic forecast for the third quarter is positive.	Ihre Konjunkturprognose für das dritte Quartal ist positiv.
short-term forecast [ˈʃɔːttɜːm ˈfɔːkɑːst]	kurzfristige Prognose
long-term forecast [ˈlɒŋtɜːm ˈfɔːkɑːst]	langfristige Prognose
make a forecast [meɪk ə ˈfɔːkɑːst]	voraussagen
predict [prɪˈdɪkt]	vorhersagen
The reports predict a decrease in demand.	Die Berichte sagen einen Nachfrage-rückgang voraus.
make a prediction [meɪk ə prɪˈdɪkʃən]	eine Vorhersage machen
economic outlook [iːkəˈnɒmɪk ˈaʊtlʊk]	Konjunkturaussichten
The outlook for the world economy is strong.	Die Aussichten für die Weltwirtschaft sind gut.
quarter [ˈkwɔːtə]	Quartal, Viertel
trend [trend]	Verlauf, Entwicklung
upward trend [ˈʌpwəd trend]	Aufwärtsbewegung, Konjunkturanstieg
The economy has shown an upward trend of late.	Die Wirtschaft hat kürzlich einen Aufwärtstrend aufgewiesen.
show a trend [ʃəʊ ə ˈtrend]	einen Trend zeigen
downward trend [ˈdaʊnwəd trend]	Abwärtstrend
The economy is showing a downward trend.	Die Wirtschaft weist einen Abwärtstrend auf.
economic crisis [iːkəˈnɒmɪk ˈkraɪsɪs]	Wirtschaftskrise

trade [treɪd]	Handel, handeln
retail trade [ˈriːteɪl ˈtreɪd]	Einzelhandel
wholesale trade [ˈhəʊlseɪl ˈtreɪd]	Großhandel
foreign trade [ˈfɒrən ˈtreɪd]	Außenhandel
export trade [ˈekspɔːt ˈtreɪd]	Ausfuhrhandel, Exporthandel
import trade [ˈɪmpɔːt ˈtreɪd]	Einfuhrhandel, Importhandel
trade balance [ˈtreɪd ˈbæləns]	Handelsbilanz
market [ˈmɑːkɪt]	Markt
domestic market [dəˈmestɪk ˈmɑːkɪt]	Binnenmarkt
home market [həʊm ˈmɑːkɪt]	Binnenmarkt
foreign market [ˈfɒrən ˈmɑːkɪt]	Auslandsmarkt
come onto the market [kʌm ˈɒntə ðə ˈmɑːkɪt]	auf den Markt kommen
A new software package has just come onto the market.	Ein neues Softwarepaket ist gerade auf den Markt gekommen.
launch (onto the market) [lɔːntʃ (ˈɒntə ðə ˈmɑːkɪt)]	auf den Markt bringen, einführen
merchant [ˈmɜːtʃənt]	Kaufmann/Kauffrau, Händler(in)
mercantile [ˈmɜːkəntaɪl]	handeltreibend, Handels...
illicit trade [ɪˈlɪsɪt treɪd]	Schwarzhandel
The illicit trade in drugs is hard to prevent.	Der Drogenhandel ist schwer zu verhindern.

1. Ankauf und Verkauf

buy [baɪ]	kaufen
buyer [ˈbaɪə]	Käufer(in), Abnehmer(in)
ultimate buyer [ˈʌltɪmət ˈbaɪə]	Endabnehmer(in)
deal [diːl]	Geschäft, Handel, Abkommen
The deal has been called off.	Das Geschäft wurde abgesagt.
dealer [ˈdiːlə]	Händler(in)
His father was an antiques dealer.	Sein Vater war Antiquitätenhändler.
bargain [ˈbɑːgɪn]	Handel, Geschäft, Schnäppchen, feilschen, (aus)handeln

This car was a real bargain. — Dieses Auto war ein echtes Schnäppchen.

purchase ['pɜːtʃəs]	Kauf, Anschaffung, kaufen
purchase price ['pɜːtʃəs 'praɪs]	Kaufpreis
purchase costs *pl* ['pɜːtʃəs kɒsts]	Anschaffungskosten
purchase quantity ['pɜːtʃəs 'kwɒntətɪ]	Abnahmemenge
purchaser ['pɜːtʃəsə]	Käufer(in)
purchasing power ['pɜːtʃəsɪŋ 'paʊə]	Kaufkraft

i Mit dem Begriff *purchasing power* wird der Wert des Geldes in Bezug auf seine Kaufkraft bezeichnet. Angezeigt wird, was und wie viel dem Konsumenten noch von seinem Gehalt für haushaltsübliche Einkäufe bleiben. Bei steigender Inflation nimmt die Kaufkraft ab.

sell [sel]	verkaufen, sich verkaufen lassen
seller ['selə]	Verkäufer(in)
The seller might reduce the price or offer us a discount.	Vielleicht wird der Verkäufer den Preis reduzieren bzw. uns einen Rabatt einräumen.
sale [seɪl]	Verkauf, Abschluss
I haven't made a sale today.	Heute habe ich keinen Abschluss gemacht.
for sale [fə 'seɪl]	zu verkaufen, zum Verkauf
forced sale ['fɔːst seɪl]	Zwangsverkauf
sales *pl* [seɪlz]	Absatz, Verkauf, Vertrieb
saleable ['seɪləbl]	absatzfähig, marktfähig, verkäuflich
supplier [sə'plaɪə]	Lieferant(in)
key supplier [kiː sə'plaɪə]	Hauptlieferant(in)
We collaborate closely with our key supplier.	Wir arbeiten eng mit unserem Hauptlieferanten zusammen.
key customer [kiː 'kʌstəmə]	Großkunde, Hauptkunde
bulk [bʌlk]	Großmenge, Gros, Masse
Buying in bulk usually produces cost savings.	Der Massenkauf führt normalerweise zu Kosteneinsparungen.

2. Preise und Zahlungsbedingungen

price [praɪs]	Preis, Kurs
price tag [ˈpraɪs tæg]	Preisschild
market price [ˈmɑːkɪt praɪs]	Marktpreis
list price [ˈlɪst praɪs]	Listenpreis
total price [ˈtəʊtl praɪs]	Gesamtpreis
wholesale price [ˈhəʊlseɪl praɪs]	Großhandelspreis
trade price [ˈtreɪd praɪs]	Händlerpreis
resale price [ˈriːseɪl praɪs]	Wiederverkaufspreis
retail price [ˈriːteɪl praɪs]	Einzelhandelspreis
net price [ˈnet praɪs]	Nettopreis
competitive price [kəmˈpetɪtɪv praɪs]	konkurrenzfähiger Preis
pricing [ˈpraɪsɪŋ]	Preisfestsetzung, Preisgestaltung
reduction [rɪˈdʌkʃən]	Verminderung, Herabsetzung
price reduction [praɪs rɪˈdʌkʃən]	Preisnachlass
We grant a five per cent price reduction on these goods.	Wir gewähren Ihnen einen fünfprozentigen Preisnachlass auf diese Waren.
reduce [rɪˈdjuːs]	herabsetzen, reduzieren
price increase [praɪs ˈɪŋkriːs]	Preiserhöhung
set a price [ˈset ə praɪs]	einen Preis festlegen
expensive [ɪkˈspensɪv]	teuer
inexpensive [ɪnɪkˈspensɪv]	günstig, preiswert
cheap [tʃiːp]	billig
spend money [spend ˈmʌnɪ]	Geld ausgeben
discount [ˈdɪskaʊnt]	Rabatt
I was offered a 20 per cent discount.	Mir wurde ein 20-prozentiger Rabatt angeboten.
trade discount [treɪd ˈdɪskaʊnt]	Händlerrabatt
cash discount [kæʃ ˈdɪskaʊnt]	Skonto

i Einen *cash discount* bekommt der Käufer, wenn er eine Rechnung sofort bezahlen kann. Oft wird dieser Preisnachlass abgekürzt, z.B. 10/2% (2% Rabatt bei Zahlung innerhalb von 10 Tagen).

quantity discount ['kwɒntɪtɪ 'dɪskaʊnt]	Mengenrabatt
Do you offer a quantity discount?	Gewähren Sie einen Mengenrabatt?
grant [grɑːnt]	gewähren, bewilligen
grant a discount [grɑːnt ə 'dɪskaʊnt]	einen Rabatt gewähren
claim a discount [kleɪm ə 'dɪskaʊnt]	einen Rabatt fordern
guarantee [gærən'tiː]	Garantie, Bürgschaft, garantieren
Our products are covered by a two-year guarantee.	Unsere Produkte haben eine zweijährige Garantie.
expire [ɪk'spaɪə]	ablaufen, fällig werden
The guarantee expires in six weeks.	Die Garantie läuft in sechs Wochen ab.
expiry date [ɪks'paɪrɪ deɪt]	Verfallsdatum, Fälligkeitstag
mark-down ['mɑːkdaʊn]	Preissenkung
mark-up ['mɑːkʌp]	Preiserhöhung, Preisaufschlag
pay [peɪ]	bezahlen, zahlen
payment ['peɪmənt]	Zahlung, Bezahlung
advance payment [əd'vɑːns 'peɪmənt]	Vorauszahlung
Customers are required to make an advance payment.	Kunden müssen eine Vorauszahlung leisten.
deferred payment [dɪ'fɜːd 'peɪmənt]	Ratenzahlung
deposit [dɪ'pɒzɪt]	Anzahlung, Kaution
down payment *AE* [daʊn 'peɪmənt]	Anzahlung

Im amerikanischen Englisch verwendet man *down payment.* Im britischen Englisch übersetzt man „Anzahlung" auch mit *deposit. Deposit* kann allerdings auch eine „(rückzahlbare) Kaution" oder „Pfandzahlung" bedeuten.

payment in full ['peɪmənt ɪn fʊl]	vollständige Bezahlung
means of payment [miːnz əv 'peɪmənt]	Zahlungsmittel
cash on delivery [kæʃ ɒn dɪ'lɪvərɪ]	Zahlung per Nachnahme

hire purchase *BE* ['haɪə 'pɜːtʃɪs], **installment plan** *AE* [ɪn'stɔːlmənt plæn]	Ratenkauf
instalment [ɪn'stɔːlmənt]	Rate
monthly instalment ['mʌnθlɪ ɪn'stɔːlmənt]	monatliche Teilzahlungsrate
overdue [əʊvə'djuː]	überfällig
Payment is now long overdue.	Die Zahlung ist längst überfällig.
prepaid [priː'peɪd]	vorausbezahlt, im Voraus bezahlt
prepay [priː'peɪ]	im Voraus bezahlen
prepayable [priː'peɪəbl]	im Voraus zu bezahlen
receipt [rɪ'siːt]	Eingang, Erhalt, Quittung, Beleg
Keep your receipt as proof of purchase.	Bewahren Sie Ihre Quittung als Kaufnachweis auf.
bill [bɪl]	Rechnung, Abrechnung, in Rechnung stellen
invoice ['ɪnvɔɪs]	Rechnung, Faktura, in Rechnung stellen, fakturieren
You should specify your bank details on the invoice.	Sie sollten auf der Rechnung Ihre Bankverbindung angeben.
settle the invoice [setl ðɪ 'ɪnvɔɪs]	die Rechnung begleichen
commercial invoice [kə'mɜːʃl 'ɪnvɔɪs]	Handelsrechnung
remittance [rɪ'mɪtəns]	Überweisung
Please settle the invoice amount by remittance within two weeks.	Bitte überweisen Sie den Rechnungsbetrag innerhalb von zwei Wochen.
charge [tʃɑːdʒ]	Gebühr, Kosten, berechnen
chargeable to ['tʃɑːdʒəbl tu]	zu Lasten von, auf Kosten von
overcharge [əʊvə'tʃɑːdʒ]	zu viel berechnen
letter of credit ['letər əv 'kredɪt]	Akkreditiv, Kreditbrief

i Ein *letter of credit* als Zahlungsbedingung wird im Außenhandel als sehr sicher betrachtet, da zwei Banken eine Garantie geben, dass die Rechnung des Exporteurs beglichen wird.

bank transfer ['bæŋk 'trænsfɜː]	Überweisung
cheque *BE*, **check** *AE* [tʃek]	Scheck
Don't forget to sign the cheque.	Vergessen Sie nicht, den Scheck zu unterschreiben.
crossed cheque ['krɒst tʃek]	Verrechnungsscheck
promissory note [prɒ'mɪsərɪ nəʊt]	Schuldschein

3. Anfrage, Angebot und Auftrag

enquiry *BE* [ɪn'kwaɪrɪ]	Anfrage

Im amerikanischen Englisch schreibt man für Anfrage *inquiry*. Im britischen Englisch aber bedeutet *inquiry* eher „Untersuchung" (*investigation*):

The police have opened a murder inquiry.	Die Polizei untersucht jetzt den Mordfall.

enquire about [ɪn'kwaɪə ə'baʊt]	anfragen, sich erkundigen
We would like to enquire about your range of office furniture.	Wir möchten uns über Ihr Sortiment an Büromöbeln erkundigen.
offer ['ɒfə]	Angebot, anbieten
We have to decline your offer.	Wir müssen Ihr Angebot ablehnen.
make an offer for ['meɪk ən 'ɒfə fɔː]	ein Angebot machen tur
firm offer [fɜːm 'ɒfə]	Festangebot
binding offer ['baɪndɪŋ 'ɒfə]	verbindliches Angebot
offer without engagement ['ɒfə wɪð'aʊt ɪn'geɪdʒmənt]	unverbindliches Angebot
special offer ['speʃl 'ɒfə]	Sonderangebot
subject to availability ['sʌbdʒɪkt tuː əveɪlə'bɪlɪtɪ]	solange der Vorrat reicht
This offer is subject to availability.	Angebot gültig solange Vorrat reicht.
counter-offer ['kaʊntərɒfə]	Gegenangebot
quotation [kwəʊ'teɪʃən]	Kostenvoranschlag, Angebot

quote [kwəʊt]	angeben, nennen (Preis)
I can quote you a good price for this job.	Ich kann Ihnen einen guten Preis für diese Arbeit machen.
estimate [ˈestɪmət]	Schätzung, schätzen
estimate of costs [ˈestɪmət əv ˈkɒsts]	Kostenvoranschlag
We can only give you a rough estimate of costs for this service.	Wir können Ihnen nur einen groben Kostenvoranschlag für diese Dienstleistung geben.
deadline [ˈdedlaɪn]	letzter Termin, Frist
The deadline for offers is next Friday.	Der letzte Termin für Angebote ist nächsten Freitag.

> *i* Mit *deadline* (Frist) verwendet man häufig folgende Verben: *to keep, to observe* (einhalten), *to extend, to prolong* (verlängern), *to miss* (verpassen).

demand [dɪˈmɑːnd]	Forderung, Nachfrage, fordern
Demand for organic food is on the rise.	Die Nachfrage nach Bio-Lebensmitteln steigt.
supply [səˈplaɪ]	Angebot, liefern
supply and demand [səˈplaɪ ənd dɪˈmɑːnd]	Angebot und Nachfrage
order [ˈɔːdə]	Auftrag, Bestellung, bestellen
They have ordered a new fleet of cars.	Sie haben eine neue Autoflotte bestellt.
order number [ˈɔːdə ˈnʌmbə]	Auftragsnummer, Bestellnummer
date of order [deɪt əv ˈɔːdə]	Auftragsdatum
place an order [pleɪs ən ˈɔːdə]	einen Auftrag erteilen
process an order [ˈprəʊses ən ˈɔːdə]	einen Auftrag ausführen, bearbeiten
cancel an order [ˈkænsl ən ˈɔːdə]	einen Auftrag stornieren
confirm an order [kənˈfɜːm ən ˈɔːdə]	einen Auftrag bestätigen
We are pleased to confirm your order for office furniture.	Wir freuen uns, Ihren Auftrag über Büromöbel zu bestätigen.

> *i* Im Geschäftsenglisch kann man „bestätigen" entweder mit *confirm* oder *acknowledge* übersetzen:
>
> *We confirm your order dated 10 June.* – Wir bestätigen Ihre Bestellung vom 10. Juni.
>
> *Please send us an order acknowledgement.* – Bitte senden Sie uns eine Auftragsbestätigung.

confirmation [kɒnfə'meɪʃən]	Bestätigung
subject to confirmation ['sʌbdʒɪkt tuː kɒnfə'meɪʃən]	freibleibend
in accordance with [ɪn ə'kɔːdəns wɪð]	entsprechend, gemäß, in Einklang mit
order deadline ['ɔːdə 'dedlaɪn]	Bestellfrist
advance order [əd'vɑːns 'ɔːdə]	Vorbestellung
repeat order [rɪ'piːt 'ɔːdə]	Nachbestellung
They have received a repeat order from a key customer.	Sie haben eine Nachbestellung von einem Großkunden erhalten.
trial order ['traɪəl 'ɔːdə]	Probeauftrag
online shop ['ɒnlaɪn ʃɒp]	Internetshop, Onlineshop
Please order from our online shop.	Bitte bestellen Sie über unseren Onlineshop.
shipment ['ʃɪpmənt]	Warensendung, Lieferung
consignment [kən'saɪnmənt]	Warensendung, Lieferung
When can we expect the consignment?	Wann können wir mit der Lieferung rechnen?
terms of delivery *pl* ['tɜːmz əv dɪ'lɪvərɪ]	Lieferbedingungen

4. Beschwerden

complain [kəm'pleɪn]	sich beschweren, etw. beanstanden
Unfortunately we must complain about the recent consignment.	Wir müssen leider die letzte Sendung beanstanden.
complaint [kəm'pleɪnt]	Reklamation, Beschwerde
make a complaint [meɪk ə kəm'pleɪnt]	sich beschweren

Wenn man sich auf Englisch beschweren muss, entschuldigt man sich unbedingt zuerst, dass gleich etwas Negatives folgen wird. Dies gilt auch wenn man absolut im Recht ist. Abmildernde, höfliche Einleitungen für Beschwerden sind:
I'm terribly sorry, but … oder *I'm afraid I have to complain* oder *I'm sorry to complain, but …*

deal with a complaint [diːl wɪð ə kəmˈpleɪnt] – eine Beschwerde bearbeiten
We will deal with your complaint immediately. – Wir werden Ihre Beschwerde sofort bearbeiten.

settle a complaint [setl ə kəmˈpleɪnt] – eine Beschwerde regeln

sort out [sɔːt ˈaʊt] – in Ordnung bringen, klären
This situation needs to be sorted out quickly. – Diese Situation muss rasch geklärt werden.

be disappointed [bɪ dɪsəˈpɔɪntɪd] – unzufrieden sein
We are extremely disappointed with the execution of this order. – Wir sind mit der Ausführung dieses Auftrages äußerst unzufrieden.

be annoyed [bɪ əˈnɔɪd] – verärgert, ärgerlich sein

inconvenience [ɪnkənˈviːnɪənz] – Unannehmlichkeit, Umstände
The defective goods have caused us great inconvenience. – Die defekten Waren haben uns große Umstände verursacht.

expect an explanation [ɪksˈpekt ən ekspləˈneɪʃən] – eine Erklärung erwarten

apologize for [əˈpɒlədʒaɪz fɔː] – sich entschuldigen für

offer one's apologies for [ˈɒfə wʌnz əˈpɒlədʒiːz fɔː] – sich entschuldigen für

be sorry [bɪ ˈsɒrɪ] – leidtun
We are very sorry that the goods were not properly packed. – Es tut uns sehr leid, dass die Waren inkorrekt verpackt wurden.

grievance [ˈgriːvəns] – Beschwerde

request [rɪˈkwest] – Antrag, Anfrage

not up to standard [nɒt ʌp tə ˈstændɪd] – nicht der Norm entsprechend

damage [ˈdæmɪdʒ] – Schaden, Beschädigung

damaged ['dæmɪdʒd]	beschädigt
damages *pl* ['dæmɪdʒɪz]	Schadenersatz, Entschädigung
claim [kleɪm]	Forderung, Anspruch
claim for damages [kleɪm fə 'dæmɪdʒɪz]	Schadenersatzanspruch
warranty ['wɒrəntɪ]	Garantie, Gewährleistung
The device has a two-year warranty.	Das Gerät hat eine zweijährige Garantie.
defect [dɪ'fekt]	Mangel, Defekt
defective [dɪ'fektɪv]	fehlerhaft, defekt
The computer I purchased is defective.	Der Rechner, den ich gekauft habe, ist fehlerhaft.
defective goods *pl* [dɪ'fektɪv gʊdz]	defekte, fehlerhafte Waren
deficiency [dɪ'fɪʃənsɪ]	Mangel, Fehlen, Schwäche
unsaleable [ʌn'seɪləbl]	unverkäuflich
In view of the extensive damage, the goods are unsaleable.	Angesichts des großen Schadens sind die Waren unverkäuflich.
differ ['dɪfə]	sich unterscheiden
The quality of the goods delivered differs from the sample.	Die Qualität der gelieferten Waren unterscheidet sich vom Muster.
negligence ['neglɪdʒəns]	Nachlässigkeit, Fahrlässigkeit
incorrect [ɪnkə'rekt]	falsch, nicht korrekt
missing ['mɪsɪŋ]	fehlend
reimburse [riːɪm'bɜːs]	entschädigen, zurückerstatten, ersetzen
We will not reimburse you for the fee.	Wir werden Ihnen die Gebühr nicht zurückerstatten.
reimbursement [riːɪm'bɜːsmənt]	Entschädigung, Rückerstattung, Ersatz
compensation [kɒmpen'seɪʃən]	Entschädigung
claim compensation [kleɪm kɒmpen'seɪʃən]	Entschädigung fordern
compensate ['kɒmpenseɪt]	entschädigen
We will compensate you for the damage immediately.	Wir werden Sie umgehend für den Schaden entschädigen.
refund ['riːfʌnd]	Rückzahlung, Rückerstattung
We will provide you with a full refund.	Wir werden Ihnen eine vollständige Rückerstattung gewähren.

> Wenn dem Verkäufer eine Beschwerde seitens des Käufers über fehlerhafte Ware vorliegt, gilt es, die sogenannten vier Rs im Kundendienst zu berücksichtigen:
> *refund, repair, replace, rescind* — Rückerstattung, Reparatur, Ersatz, Annullierung

replace [rɪˈpleɪs] — ersetzen
All broken parts will be replaced immediately. — Alle defekten Teile werden sofort ersetzt.

replacement [rɪˈpleɪsmənt] — Ersatzlieferung

repair [rɪˈpeə] — Reparatur, Ausbesserung, reparieren
We will repair your faulty device immediately. — Wir werden Ihr defektes Gerät sofort reparieren.

damaged beyond repair [ˈdæmɪdʒd bɪˈjɒnd rɪˈpeə] — nicht mehr zu reparieren

5. Kaufverträge

contract [ˈkɒntrækt] — Vertrag, Vereinbarung
Please sign the contract. — Bitte unterschreiben Sie den Vertrag.

contractor [kənˈtræktə] — Auftragnehmer(in)

contractual [kənˈtræktʃʊəl] — vertraglich, Vertrags…

sales contract [seɪlz ˈkɒntrækt] — Kaufvertrag

> Unter angelsächsischem Gesetz entsteht ein Kaufvertrag erst, wenn der Käufer das Angebot des Verkäufers angenommen hat. Dann ist er verpflichtet, die Ware zu akzeptieren. Der Verkäufer ist seinerseits verpflichtet, die Waren gemäß den im Kaufvertrag beschriebenen und festgelegten Bedingungen zu liefern.

draw up a contract [drɔː ˈʌp ə ˈkɒntrækt] — einen Vertrag aufsetzen

draft a contract [drɑːft ə ˈkɒntrækt] — einen Vertrag entwerfen

enter into a contract ['entə 'ɪntʊ ə 'kɒntrækt] — einen Vertrag abschließen

sign a contract [saɪn ə 'kɒntrækt] — einen Vertrag unterschreiben

cancel a contract ['kænsəl ə 'kɒntrækt] — einen Vertrag aufheben

We will be forced to cancel the contract if the delivery deadline is not kept. — Wir werden den Vertrag aufheben müssen, falls die Lieferfrist nicht eingehalten wird.

breach of contract [bri:tʃ əv 'kɒntrækt] — Vertragsbruch

parties to a contract *pl* ['pɑ:tɪz tu ə 'kɒntrækt] — vertragsschließende Parteien

terms of (the) contract *pl* ['tɜ:mz əv (ðə) 'kɒntrækt] — Vertragsbedingungen

under the terms of the contract ['ʌndə ðə 'tɜ:mz əv ðə 'kɒntrækt] — vertragsgemäß

Under the terms of the contract, delivery should be made within one month. — Vertragsgemäß sollen die Waren innerhalb eines Monats geliefert werden.

clause ['klɔ:z] — Klausel

specify ['spesɪfaɪ] — spezifizieren, genau angeben, vorschreiben

expiry date [ɪk'spaɪrɪ deɪt] — Ablaufdatum, Verfallstermin

6. Import und Export

export ['ekspɔ:t] — Export, Ausfuhr, Exportware

export [ɪk'spɔ:t] — exportieren, ausführen

50% of our production is exported. — 50 % unserer Produktion werden exportiert.

exporter [ek'spɔ:tə] — Exporteur

export licence ['ekspɔ:t 'laɪsəns] — Ausfuhrgenehmigung

We have applied for an export licence. — Wir haben eine Ausfuhrgenehmigung beantragt.

> Eine Exportlizenz (*export licence*) kann bei den Zollbehörden des Exportlandes beantragt werden. Bei Risikowaren wie Chemikalien, Nuklearstoffen und Waffen (*chemicals, nuclear material and weapons*) wird grundsätzlich eine Exportlizenz verlangt.

export surplus ['ekspɔːt 'sɜːpləs]	Exportüberschuss
export permit ['ekspɔːt 'pɜːmɪt]	Exportgenehmigung
import [ɪm'pɔːt]	einführen
import ['ɪmpɔːt]	Einfuhr, Import, Importware
Cheap imports exert downward pressure on domestic prices.	Billige Importgüter drücken die Preise auf dem Inlandsmarkt.
importer [ɪm'pɔːtə]	Importeur, Importfirma
import duty ['ɪmpɔːt 'djuːtɪ]	Einfuhrzoll
import restriction ['ɪmpɔːt rɪ'strɪkʃən]	Einfuhrbeschränkung
impose restrictions on [ɪm'pəʊz rɪ'strɪkʃənz ɒn]	Einfuhrbeschränkungen verhängen
import quota ['ɪmpɔːt 'kwəʊtə]	Importquote
customs ['kʌstəmz]	Zoll
customs clearance ['kʌstəmz 'klɪərəns]	Zollabfertigung
customs duties *pl* ['kʌstəmz 'djuːtɪz]	Zölle
customs tariff ['kʌstəmz 'tærɪf]	Zollgebühren
subject to import duties ['sʌbdʒɪkt tu ɪm'pɔːt 'djuːtɪz]	einfuhrzollpflichtig
customs declaration ['kʌstəmz deklə'reɪʃən]	Zollerklärung
customs invoice ['kʌstəmz 'ɪnvɔɪs]	Zollfaktura
clear goods through customs [klɪə gʊdz θruː 'kʌstəmz]	Güter verzollen
The forwarder can collect the goods as soon as they have been cleared through customs.	Der Spediteur kann die Waren abholen, sobald sie verzollt sind.

7. Versanddokumente

bill of lading [bɪl əv ˈleɪdɪŋ]	Konnossement, Frachtbrief
clean bill of lading [kliːn bɪl əv ˈleɪdɪŋ]	reines Konnossement
unclean bill of lading [ˈʌnkliːn bɪl əv ˈleɪdɪŋ]	unreines Konnossement
The unclean bill of lading shows that the goods are not in perfect condition.	Das unreine Konnossement zeigt, dass die Waren beschädigt sind.
air waybill [eə ˈweɪbɪl]	Luftfrachtbrief
freight note [ˈfreɪt nəʊt]	Frachtbrief
consignment note [kənˈsaɪnmənt nəʊt]	Frachtbrief
delivery note [dɪˈlɪvərɪ nəʊt]	Lieferschein
Please check the delivery note.	Prüfen Sie bitte den Lieferschein.
insurance certificate [ɪnˈʃʊərəns səˈtɪfɪkət]	Versicherungszertifikat
certificate of origin [səˈtɪfɪkət əv ˈɒrɪdʒɪn]	Herkunftszeugnis, Ursprungsnachweis
We needed a certificate of origin for customs clearance.	Für die Zollabfertigung benötigten wir ein Herkunftszeugnis.
issue a certificate [ˈɪʃuː ə səˈtɪfɪkət]	ein Zertifikat ausstellen
invoice [ˈɪnvɔɪs]	Rechnung
consular invoice [ˈkɒnsjuːlə ˈɪnvɔɪs]	Konsulatsfaktura
apply for a consular invoice [əˈplaɪ fɔː ə ˈkɒnsjuːlə ˈɪnvɔɪs]	ein Konsulatsfaktura beantragen

i Eine Konsulatsfaktura (*consular invoice*) bestätigt die Richtigkeit der Preise der exportierten Waren und versucht damit zu verhindern, dass Waren zu künstlich niedrigen Preisen im Ausland auf den Markt kommen (*dumping prices*).

advice of dispatch [ədˈvaɪs əv dɪˈspætʃ]	Versandanzeige

8. Die Europäische Union

European Union (EU) [jʊərəˈpɪən ˈjuːnɪən]	Europäische Union (EU)
European Central Bank (ECB) [jʊərəˈpɪən ˈsentrəl bæŋk]	Europäische Zentralbank (EZB)
The European Central Bank is located in Frankfurt.	Die Europäische Zentralbank hat ihren Sitz in Frankfurt.
single European market [sɪŋgl jʊərəˈpɪən ˈmɑːkɪt]	Europäischer Binnenmarkt
The single European market is a large free trade area.	Der Europäische Binnenmarkt ist eine große Freihandelszone.
European single currency [jʊərəˈpɪən ˈsɪŋgl ˈkʌrənsɪ]	europäische Einheitswährung
European Monetary Union (EMU) [jʊərəˈpɪən ˈmʌnɪtrɪ ˈjuːnɪən]	Europäische Währungsunion (EWU)
Europeanisation [jʊərəpɪənaɪˈzeɪʃən]	Europäisierung
euro [ˈjʊərə]	Euro
eurozone [ˈjʊərəzəʊn]	Eurozone
trade [treɪd]	Handel
free trade area [friː treɪd ˈeərɪə]	Freihandelszone
society [səˈsaɪətɪ]	Gesellschaft
member state [ˈmembə steɪt]	Mitgliedsstaat
membership [ˈmembəʃɪp]	Mitgliedschaft
apply for membership [əˈplaɪ fə ˈmembəʃɪp]	eine Mitgliedschaft beantragen
EU citizen [iːˈjuː ˈsɪtɪzn]	EU-Bürger(in)
Common Agricultural Policy (CAP) [ˈkɒmən ægrɪˈkʌltʃərəl ˈpɒləsɪ]	Gemeinsame Agrarpolitik
free movement of capital [friː ˈmuːvmənt əv ˈkæpɪtl]	freier Kapitalverkehr
free movement of goods [friː ˈmuːvmənt əv ˈgʊdz]	freier Güterverkehr
One of the aims of the EU is to ensure the free movement of goods, capital, services and people.	Ein Ziel der EU ist es, den freien Verkehr von Gütern, Kapital, Dienstleistungen und Menschen zu ermöglichen.

1. Produkt

product ['prɒdʌkt]	Produkt
finished product ['fɪnɪʃt 'prɒdʌkt]	Endprodukt
product range ['prɒdʌkt 'reɪndʒ]	Produktpalette
We can offer you a wide range of products.	Wir können Ihnen eine große Produktpalette anbieten.
goods *pl* [gʊdz]	Waren, Güter
semi-finished goods *pl* ['semɪ 'fɪnɪʃt gʊdz]	Halbfertigfabrikate
finished goods *pl* ['fɪnɪʃt gʊdz]	Fertigfabrikate
The finished goods are destined for the export market.	Die Fertigfabrikate sind für den Exportmarkt bestimmt.
bulk goods *pl* ['bʌlk gʊdz]	Massengüter
consumer goods *pl* [kən'sjuːmə gʊdz]	Verbrauchsgüter
durable consumer goods *pl* ['djʊərəbl kən'sjuːmə gʊdz]	langlebige Gebrauchsgüter

i *Durable consumer goods* wird oft als *durables* abgekürzt und als Oberbegriff für alle größeren Haushaltsgüter wie *washing machines, refrigerators, dishwashers, cookers,* usw. verwendet. Man spricht bei solchen Gütern und Waren von *white goods,* während Wohnzimmerwaren wie Fernseher oder Stereogeräte als *brown goods* bezeichnet werden.

manufactured goods *pl* [mænjʊ'fæktʃəd gʊdz]	Fabrikwaren
commodity [kə'mɒdɪtɪ]	Ware, Bedarfsartikel
grade [greɪd]	Qualität, Güteklasse
kite mark *BE* ['kaɪt mɑːk]	Gütezeichen
quality ['kwɒlɪtɪ]	Qualität
Our products are of the highest quality.	Unsere Produkte sind von höchster Qualität.
quality assurance ['kwɒlɪtɪ ə'sʊərəns]	Qualitätssicherung
item ['aɪtəm]	Stück, Gegenstand, Punkt

class of goods [ˈklɑːs əv ˈgʊdz]	Warenart, Klasse
logo [ˈləʊgəʊ]	Logo, Emblem
All our goods carry the same logo.	Alle unsere Waren haben dasselbe Logo.
design [dɪˈzaɪn]	Design, Muster, entwerfen, zeichnen
feature [ˈfiːtʃə]	Merkmal, Eigenschaft, Besonderheit
equip [ɪˈkwɪp]	ausrüsten, ausstatten
be equipped with [biː ɪˈkwɪpt wɪð]	verfügen über, ausgestattet sein mit
We are well equipped to meet our customers' demands.	Wir sind durchaus in der Lage, die Anforderungen unserer Kunden zu erfüllen.
equipment [ɪˈkwɪpmənt]	Ausrüstung, Geräte, Ausstattung

i *Equipment* ist eines von vielen wichtigen Substantiven, die im Deutschen zählbar, im Englischen aber nicht zählbar sind. Man darf also nicht *equipments* sagen, sondern spricht von *pieces/items of equipment.* Andere, im Englischen unzählbare Substantive sind *information, advice, furniture, interest* (Zinsen), *knowledge* und *progress:*

We have a lot of information. — Wir haben viele Informationen.

handmade [ˈhændmeɪd]	handgearbeitet
ready-made [redɪˈmeɪd]	gebrauchsfertig, Fertig…
custom-made [ˈkʌstəmmeɪd]	maßgefertigt
made to order [meɪd tə ˈɔːdə]	auf Bestellung, kundenspezifisch
We sell made-to-order clothes.	Wir verkaufen maßgeschneiderte Kleidung.
made to specification [ˈmeɪd tə spesɪfɪˈkeɪʃən]	Sonderanfertigung
innovation [ɪnəˈveɪʃən]	Neuerung, Innovation
innovative [ˈɪnəveɪtɪv]	neuartig, innovativ
Our success is based on seeking innovative solutions.	Unser Erfolg basiert auf der Suche nach innovativen Lösungen.
component [kəmˈpəʊnənt]	Bestandteil, Komponente
specifications *pl* [spesɪfɪˈkeɪʃənz]	technische Daten, technische Beschreibung
operating instructions *pl* [ˈɒpəreɪtɪŋ ɪnˈstrʌkʃənz]	Bedienungsanleitung

2. Produktion

produce [prə'dju:s]	produzieren, herstellen
We produce high-quality turbines.	Wir stellen hochwertige Turbinen her.
producer [prə'dju:sə]	Hersteller(in), Produzent(in)
production [prə'dʌkʃən]	Herstellung, Produktion
step up production ['step ʌp prə'dʌkʃən]	die Produktion steigern
speed up ['spi:d ʌp]	beschleunigen
mass production [mæs prə'dʌkʃən]	Massenproduktion
labour-intensive production ['leɪbərɪntensɪv prə'dʌkʃən]	arbeitsintensive Produktion
labour-saving ['leɪbə 'seɪvɪŋ]	arbeitssparend
lean production [li:n prə'dʌkʃən]	verschlankte Produktion
streamline ['stri:mlaɪn]	rationalisieren, bereinigen
They have become more profitable by streamlining their production processes.	Sie sind durch die Rationalisierung ihrer Herstellungsabläufe rentabler geworden.
just-in-time [dʒʌstɪn'taɪm]	just-in-time
Just-in-time production techniques can produce large efficiency gains.	Just-in-time-Methoden bei der Produktion können zu großen Effizienzgewinnen führen.
production line [prə'dʌkʃən 'laɪn]	Fließband, Produktionslinie
production plant [prə'dʌkʃən 'plɑ:nt]	Produktionsanlage
production facilities *pl* [prə'dʌkʃən fə'sɪlɪti:z]	Produktionseinrichtungen
works ['wɜ:ks]	Werk, Fabrik
factory ['fæktərɪ]	Fabrik, Werk
assemble [ə'sembəl]	zusammenbauen, montieren
assembly line [ə'semblɪ 'laɪn]	Fließband, Montageband
mechanical [mɪ'kænɪkəl]	mechanisch
tool [tu:l]	Werkzeug
spares *pl* ['speəz]	Ersatzteile

manufacture [mænjʊˈfæktʃə]	Herstellung, herstellen
What is the date of manufacture?	Wie lautet das Herstellungsdatum?
manufacturer [mænjʊˈfæktʃərə]	Hersteller(in)
manufacturing [mænjʊˈfæktʃərɪŋ]	Erzeugung, Herstellung
planning [ˈplænɪŋ]	Planung
processing [ˈprəʊsesɪŋ]	Verarbeitung, Bearbeitung, Veredelung
completion [kəmˈpliːʃən]	Fertigstellung
turn out [tɜːn ˈaʊt]	produzieren, hervorbringen
They have been turning out quality devices for many years.	Sie produzieren seit vielen Jahren qualitativ hochwertige Geräte.
specialize in [ˈspeʃəlaɪz ɪn]	sich spezialisieren auf
standard [ˈstændəd]	Standard, Norm
standardize [ˈstændədaɪz]	vereinheitlichen, normen, normieren
batch [bætʃ]	Serie, Los
lot [lɒt]	Posten
series [ˈsɪəriːz]	Serie, Reihe
operate [ˈɒpəreɪt]	in Betrieb sein, bedienen, betätigen
He operates heavy machinery.	Er bedient schwere Maschinen.
operator [ˈɒpəreɪtə]	Vermittlung, Bedienungsperson, Arbeiter(in)
raw material [rɔː məˈtɪərɪəl]	Rohstoff
Wood is our most important raw material.	Holz ist unser wichtigster Rohstoff.
by-product [ˈbaɪprɒdʌkt]	Nebenprodukt, Abfallprodukt
recycle [rɪˈsaɪkl]	wieder verwerten, recyceln
label [ˈleɪbl]	Etikett, Schild, etikettieren
final control [ˈfaɪnəl kənˈtrəʊl]	Endkontrolle
A defect was discovered during the final control.	Während der Endkontrolle wurde ein Fehler entdeckt.
quality control [ˈkwɒlɪtɪ kənˈtrəʊl]	Qualitätskontrolle
sampling procedure [ˈsɑːmplɪŋ prəˈsiːdʒə]	Stichprobenverfahren
inspect [ɪnˈspekt]	kontrollieren, prüfen
ensure [ɪnˈʃʊə]	sichern, sicherstellen

tighten ['taɪtən] — verschärfen
They have tightened controls since the error. — Sie haben die Kontrollen seit dem Fehler verschärft.

recall [rɪ'kɔ:l] — Rückruf, zurückrufen
Many products have been recalled due to a technical fault. — Viele Produkte sind wegen eines technischen Defekts zurückgerufen worden.

lead [li:d] — führen
They are leading the way in the development of cleaner fuels. — In der Entwicklung von saubereren Treibstoffen sind sie führend.

lead time [li:d taɪm] — Produktionszeit, Lieferzeit

close down [kləʊz 'daʊn] — schließen, stilllegen
The factory has been closed down. — Die Fabrik wurde stillgelegt.

closure ['kləʊʒə] — Schließung
The closure of the factory has resulted in the loss of many jobs. — Die Schließung der Fabrik führte zum Verlust vieler Arbeitsplätze.

shut down [ʃʌt 'daʊn] — zumachen, schließen

shutdown ['ʃʌtdaʊn] — Stilllegung, Schließung

discontinue [dɪskən'tɪnju:] — auslaufen lassen, abbestellen
We plan to discontinue our premium line. — Wir haben vor, unsere Luxusreihe auslaufen zu lassen.

inoperative [ɪn'ɒpərətɪv] — außer Betrieb, nicht einsatzfähig

out of date [aʊt əv 'deɪt] — veraltet, altmodisch

3. Produktivität

productive [prə'dʌktɪv] — produktiv, ergiebig

productivity [prɒdʌk'tɪvətɪ] — Produktivität
We have improved the productivity of our factory. — Wir haben die Produktivität unseres Werks verbessert.

increase productivity [ɪŋ'kri:s prɒdʌk'tɪvətɪ] — die Produktivität steigern

unproductive [ʌnprə'dʌktɪv] — unproduktiv, unergiebig

output ['aʊtpʊt] — Produktion, Ausstoß
We have increased output to meet demand. — Wir haben die Produktion erhöht, um mit der Nachfrage Schritt zu halten.

capacity [kəˈpæsɪtɪ]	Kapazität, Befähigung
full capacity [fʊl kəˈpæsɪtɪ]	volle Kapazität
The plant is working at full capacity.	Die Fabrik arbeitet momentan mit voller Kapazität.
utilization of capacity [juːtɪlaɪˈzeɪʃən əv kəˈpæsɪtɪ]	Kapazitätsauslastung
utilize [ˈjuːtɪlaɪz]	(aus)nutzen, verwerten
performance [pəˈfɔːməns]	Leistung

ℹ *Performance* wird bei Autos und Maschinen benutzt, um ihre Leistungskraft zu beschreiben, z. B.:

Porsche manufactures high-performance cars.	Porsche stellt Fahrzeuge mit hoher Leistungskraft her.

Auch menschliche Arbeitsleistung wird oft damit beschrieben, z. B.:

The assistant's perfomance was outstanding.	Der Assistent zeigte eine hervorragende Leistung.

effectiveness [ɪˈfektɪvnɪs]	Wirksamkeit, Effektivität
I doubt the effectiveness of this move.	Ich bezweifle die Wirksamkeit dieses Schrittes.
efficiency [ɪˈfɪʃənsɪ]	Leistungsfähigkeit, Effizienz
operational efficiency [ɒpəˈreɪʃənl ɪˈfɪʃənsɪ]	Betriebseffizienz
efficient [ɪˈfɪʃənt]	leistungsfähig, effizient
inefficiency [ɪnɪˈfɪʃənsɪ]	Ineffizienz, Unwirksamkeit
inefficient [ɪnɪˈfɪʃənt]	unproduktiv, ineffizient
optimization [ɒptɪmaɪˈzeɪʃən]	Optimierung
rationalization [ræʃənəlaɪˈzeɪʃən]	Rationalisierung
modernize [ˈmɒdənaɪz]	modernisieren
computerize [kəmˈpjuːtəraɪz]	computerisieren, auf Computer umstellen
automate [ˈɔːtəmeɪt]	automatisieren

4. Dienstleistungen

service [ˈsɜːvɪs]	Dienstleistung
offer a service [ˈɒfə ə ˈsɜːvɪs]	eine Dienstleistung anbieten

service sector ['sɜːvɪs 'sektə]	Dienstleistungsbereich
service organization ['sɜːvɪs ɔːgənaɪ'zeɪʃən]	Dienstleistungsunternehmen
We are purely a service organization.	Wir sind ein reines Dienstleistungsunternehmen.
catering ['keɪtərɪŋ]	Bewirtungsservice, Catering

Mit dem Ausdruck *catering* kann nicht nur die Bewirtung bei einem gegebenen Anlass bezeichnet werden. Der Begriff steht auch für den gesamten Gastronomiebereich (*hotel, restaurant, bar sector*).
Sagt man, man arbeite *in the catering sector*, bezieht sich das auf den ganzen Gastronomiebereich. Der *catering manager* leitet diesen Bereich.

translation service [træns'leɪʃən 'sɜːvɪs]	Übersetzungsdienst
maintenance ['meɪntənəns]	Aufrechterhaltung, Instandhaltung, Wartung
maintenance costs *pl* ['meɪntənəns 'kɒsts]	Instandhaltungskosten
maintenance service ['meɪntənəns 'sɜːvɪs]	Wartungsdienst
Please send us a quotation for a two-year maintenance service.	Bitte senden Sie uns ein Angebot für einen zweijährigen Wartungsdienst zu.
cleaning service ['kliːnɪŋ 'sɜːvɪs]	Putzdienst
financial services *pl* [faɪ'nænʃl 'sɜːvɪzəz]	Finanzdienstleistungen
data processing ['deɪtə 'prəʊsesɪŋ]	Datenverarbeitung
information technology (IT) [ɪnfə'meɪʃən tek'nɒlədʒɪ]	Informationstechnologie
self-service [self'sɜːvɪs]	Selbstbedienung
24-hour service ['twentɪfɔː'aʊə 'sɜːvɪs]	Tag- und Nachtdienst
comprise [kəm'praɪz]	beinhalten, bestehen aus
Our offer comprises numerous services.	Unser Angebot umfasst zahlreiche Dienstleistungen.

service charge ['sɜːvɪs tʃɑːdʒ]	Bearbeitungsgebühr
There is a service charge for software installation.	Für die Installation von Software wird eine Bearbeitungsgebühr berechnet.
after-sales service ['ɑːftəseɪlz 'sɜːvɪs]	Kundendienst
customer service ['kʌstəmə 'sɜːvɪs]	Kundendienst
customer service representative ['kʌstəmə 'sɜːvɪs reprɪ'zentətɪv]	Kundenberater(in), Kundendienstmitarbeiter(in)
customer relations *pl* ['kʌstəmə rɪ'leɪʃənz]	Kundenbeziehungen
maintain [meɪn'teɪn]	aufrechterhalten, pflegen
It is crucial to maintain good relations with customers.	Es ist entscheidend, gute Kundenbeziehungen zu pflegen.
advise [əd'vaɪz]	raten, beraten
A solicitor advises clients in legal matters.	Ein Rechtsanwalt berät seine Kunden bei rechtlichen Fragen.
range of services ['reɪndʒ əv 'sɜːvɪsəs]	Dienstleistungspalette
reliable service [rɪ'laɪəbl 'sɜːvɪs]	zuverlässige Dienstleistung
flexible service ['fleksəbl 'sɜːvɪs]	anpassungsfähige Dienstleistung
provide [prə'vaɪd]	anbieten, (be)liefern, zur Verfügung stellen
We provide tailor-made IT solutions.	Wir stellen maßgeschneiderte EDV-Lösungen zur Verfügung.
provider [prə'vaɪdə]	Anbieter(in)
expertise [ekspɜː'tiːz]	Kompetenz, Fachkenntnis
know-how ['nəʊhaʊ]	Fachkenntnis, Know-how
We have extensive know-how in the tourism field.	Wir verfügen über großes Fachwissen im Tourismusbereich.
recommend [rekə'mend]	empfehlen
recommendation [rekəmen'deɪʃən]	Empfehlung
outplacement ['aʊtpleɪsmənt]	Auslagerung
outsource ['aʊtsɔːs]	an Fremdfirmen vergeben, auslagern
They outsource a number of services.	Sie vergeben einige Dienstleistungen an Fremdfirmen.
outsourcing ['aʊtsɔːsɪŋ]	Fremdvergabe, Auslagerung

1. Märkte und Marketing

market ['mɑːkɪt]	Markt, Absatzgebiet, vermarkten, vertreiben
We need to market this service aggressively.	Wir müssen diesen Service aggressiv vermarkten.
marketing ['mɑːkɪtɪŋ]	Marketing, Absatzwirtschaft
enter a market ['entər ə 'mɑːkɪt]	auf den Markt kommen
launch [lɔːntʃ]	auf den Markt bringen, einführen
We will soon be launching a new product.	Wir werden bald ein neues Produkt auf den Markt bringen.
dominate a market ['dɒmɪneɪt ə 'mɑːkɪt]	einen Markt dominieren
dominant ['dɒmɪnənt]	beherrschend, dominant
monopolize a market [mə'nɒpəlaɪz ə 'mɑːkɪt]	einen Markt monopolisieren
monopoly [mə'nɒpəlɪ]	Monopol
break into a market [breɪk 'ɪntʊ ə 'mɑːkɪt]	in einen Markt eindringen
market share ['mɑːkɪt ʃeə]	Marktanteil
market-oriented [mɑːkɪt'ɔːrɪəntəd]	marktorientiert
market position ['mɑːkɪt pə'zɪʃən]	Marktposition
market value ['mɑːkɪt 'væljuː]	Marktwert
sales target ['seɪlz 'tɑːgɪt]	Absatzziel
gap [gæp]	Lücke
gap in the market [gæp ɪn ðə 'mɑːkɪt]	Marktlücke
market leader ['mɑːkɪt 'liːdə]	Marktführer
The market leader dominates the European market.	Der Marktführer dominiert den europäischen Markt.
key players *pl* [kiː 'pleɪəz]	Hauptakteure
market segmentation ['mɑːkɪt segmən'teɪʃən]	Marktsegmentierung
business environment ['bɪznɪs ɪn'vaɪrənmənt]	Geschäftsumfeld

mass market ['mæs mɑ:kɪt]	Massenmarkt, Massenwaren
upmarket ['ʌpmɑ:kɪt]	gehoben, anspruchsvoll
The company moved more upmarket.	Die Firma wandte sich gehobeneren Käuferschichten zu.
high-end ['haɪend]	hochwertig
This offering is aimed at high-end customers.	Dieses Angebot richtet sich an Kunden im oberen Marktsegment.
downmarket ['daʊnmɑ:kɪt]	billig, Massen…
niche [ni:ʃ]	Nische
niche market ['ni:ʃ 'mɑ:kɪt]	Nischenmarkt
target market ['tɑ:gɪt 'mɑ:kɪt]	Zielmarkt
marketing mix ['mɑ:kɪtɪŋ mɪks]	Marketingmix

> *i* Beim *marketing mix* handelt es sich um die sogenannten vier Ps des Marketing: Produkt (*product*), Preis (*price*), Promotion/Werbung (*promotion*) und Platzierung (*placement*). Diese Variablen dienen dazu, adäquate Marketingentscheidungen zu treffen.

marketing strategy ['mɑ:kɪtɪŋ 'strætɪdʒɪ]	Marktstrategie
positioning [pə'zɪʃənɪŋ]	Positionierung
Product positioning is important when marketing an item.	Die Produktpositionierung ist beim Vermarkten eines Artikels wichtig.
tactics *pl* ['tæktɪks]	Taktik
core competences *pl* [kɔ: 'kɒmpɪtənsəz]	Kernkompetenzen
trademark ['treɪdmɑ:k]	Warenzeichen
brand [brænd]	Marke, Markenname

> *i* Mit *brand* kann man viele zusammengesetzte Substantive bilden:
> *brand awareness/recognition* — Markenbewusstsein
> *brand management* — Marken-Management
> *brand identity* — Markenidentität

brand name ['brænd neɪm]	Markenbezeichnung, Markenname
brand loyalty ['brænd 'lɔɪəltɪ]	Markentreue

brand image ['brænd 'ɪmɪdʒ]	Markenimage
non-branded [nɒn'brændɪd]	markenfrei
generic product [dʒe'nerɪk 'prɒdʌkt]	No-Name-Produkt
sales literature ['seɪlz 'lɪtrətʃə]	Werbeunterlagen
special offer ['speʃl 'ɒfə]	Sonderangebot

2. Marktforschung

market research ['mɑ:kɪt ri:'sɜ:tʃ]	Marktforschung
Market research aims to establish if there is a market for a particular product.	Marktforschung hat das Ziel, herauszufinden, ob es für ein bestimmtes Produkt einen Markt gibt.
market survey ['mɑ:kɪt 'sɜ:veɪ]	Marktumfrage
market testing ['mɑ:kɪt 'testɪŋ]	Verbraucherumfrage
competitor analysis [kɒm'petɪtə ə'næləsɪs]	Konkurrenzanalyse
market share analysis ['mɑ:kɪt ʃeə ə'næləsɪs]	Marktanteilanalyse
carry out a survey ['kærɪ aʊt ə 'sɜ:veɪ]	eine Umfrage durchführen
questionnaire [kwestʃə'neə]	Fragebogen
Would you be prepared to complete a short questionnaire?	Würden Sie einen kurzen Fragebogen ausfüllen?
feedback ['fi:dbæk]	Reaktion, Feedback, Echo
positive feedback ['pɒzətɪv 'fi:dbæk]	positives Echo
negative feedback ['negətɪv 'fi:dbæk]	negatives Echo
feasibility study [fi:zə'bɪlətɪ 'stʌdɪ]	Durchführbarkeitsstudie, Machbarkeitsstudie
comparison [kəm'pærɪsən]	Vergleich
compare (with) ['kəmpeə (wɪθ)]	vergleichen (mit)

target group ['tɑ:gɪt gru:p] — Zielgruppe

The product should be designed to attract a certain target group. — Das Produkt muss so konzipiert sein, dass es eine bestimmte Zielgruppe anspricht.

> **i** Eine *target group* (Zielgruppe) wird in verschiedene Kategorien eingeteilt. Marktforscher untersuchen z.B. die Altersstruktur der Kunden, die Höhe ihres Einkommens, ihren Wohnort und Wohnstatus (in einer Wohnung oder in einem Haus, alleinstehend oder verheiratet, mit oder ohne Kinder, usw., *age, income, place of residence, single or married with children,* usw.).
> Mit diesen Informationen können Preise und geeignete Werbemaßnahmen für ein Produkt genauer bestimmt werden.

random sample ['rændəm 'sɑ:mpl] — Stichprobe

representative [reprɪ'zentətɪv] — repräsentativ

age group ['eɪdʒ gru:p] — Altersgruppe

income group ['ɪnkəm gru:p] — Einkommensgruppe

high-earner [haɪ'ɜ:nə] — Großverdiener

3. Konkurrenz

competition [kɒmpə'tɪʃən] — Konkurrenz, Wettbewerb

Competition is high in many sectors. — In vielen Branchen herrscht große Konkurrenz.

be up against competition [bɪ ʌp ə'genst kɒmpə'tɪʃən] — Konkurrenz ausgesetzt sein

We will certainly be up against stiff competition now that import restrictions have been dropped. — Da die Importbeschränkungen aufgehoben wurden, werden wir mit Sicherheit harter Konkurrenz ausgesetzt sein.

without competition ['wɪðaʊt kɒmpə'tɪʃən] — konkurrenzlos

fierce competition ['fɪəs kɒmpə'tɪʃən] — scharfe Konkurrenz

stiff competition ['stɪf kɒmpə'tɪʃən] — harte Konkurrenz

unfair competition [ˈʌnfeə kɒmpəˈtɪʃən]	unlauterer Wettbewerb
compete [kəmˈpiːt]	konkurrieren, in Wettstreit treten
competitor [kəmˈpetɪtə]	Konkurrent(in), Gegner(in)
Jones Industries is one of our main competitors on the British market.	Jones Industries ist einer unserer Hauptkonkurrenten auf dem britischen Markt.
competitive [kəmˈpetɪtɪv]	konkurrenzfähig
competitive advantage [kəmˈpetɪtɪv ədˈvɑːntɪdʒ]	Wettbewerbsvorteil
competitiveness [kəmˈpetɪtɪvnəs]	Wettbewerbsfähigkeit
competing [kəmˈpiːtɪŋ]	konkurrierend
Two new competing firms have just broken into the software market.	Zwei neue Mitkonkurrenten sind gerade in den Softwaremarkt eingedrungen.
rival [ˈraɪvəl]	Konkurrent(in)
rival product [ˈraɪvəl ˈprɒdʌkt]	Konkurrenzprodukt

4. Verbraucher

consume [kənˈsjuːm]	verbrauchen, konsumieren
consumer [kənˈsjuːmə]	Verbraucher(in), Konsument(in)
consumption [kənˈsʌmpʃən]	Verbrauch, Verzehr
Consumption has doubled over the past year.	Der Verbrauch hat sich im vergangenen Jahr verdoppelt.
personal consumption [ˈpɜːsənl kənˈsʌmpʃən]	Eigenverbrauch
consumer protection [kənˈsjuːmə prəˈtekʃən]	Verbraucherschutz
ultimate consumer [ˈʌltɪmət kənˈsjuːmə]	Endverbraucher(in)
average consumer [ˈævərɪdʒ kənˈsjuːmə]	Durchschnittsverbraucher(in)
consumer behaviour [kənˈsjuːmə bɪˈheɪvjə]	Verbraucherverhalten

consumer confidence [kən'sju:mə 'kɒnfɪdəns]	Kaufbereitschaft, Konsumklima
consumer society [kən'sju:mə sə'saɪətɪ]	Konsumgesellschaft
consumer preference [kən'sju:mə 'prefərəns]	Verbrauchervorliebe
customer ['kʌstəmə]	Kunde/Kundin
customer loyalty ['kʌstəmə 'lɔɪəltɪ]	Kundentreue
spending habits *pl* ['spendɪŋ 'hæbɪts]	Kaufgewohnheiten
need [ni:d]	Notwendigkeit, Bedarf, benötigen
want [wɒnt]	Bedürfnis, Wunsch, Mangel, wollen
We are conducting research into our customers' wants.	Wir erforschen die Wünsche unserer Kunden.
purchaser ['pɜ:tʃəsə]	Käufer(in)
punter *BE, fam* ['pʌntə]	Kunde/Kundin
the average punter [ði: 'ævərɪdʒ 'pʌntə]	Otto Normalverbraucher

5. Werbung

advertise ['ædvətaɪz]	werben, inserieren
advertising ['ædvətaɪzɪŋ]	Werbung
Large firms invest heavily in advertising.	Große Firmen investieren viel Geld in die Werbung.
advertising budget ['ædvətaɪzɪŋ 'bʌdʒət]	Werbeetat
advertising agency ['ædvətaɪzɪŋ 'eɪdʒənsɪ]	Werbeagentur
advertising campaign ['ædvətaɪzɪŋ kæm'peɪn]	Werbekampagne
The advertising campaign reached its target groups.	Die Werbekampagne hat ihre Zielgruppen erreicht.
advertising copy ['ædvətaɪzɪŋ 'kɒpɪ]	Werbetext

(advertising) slogan [(ˈædvətaɪzɪŋ) ˈsləʊgən]	Werbespruch
advertisement [ædˈvɜːtɪsmənt]	Werbung, Reklame
advert, ad [ˈædvɜːt, æd]	Werbung, Reklame
place an advertisement [ˈpleɪs ən ædˈvɜːtɪsmənt]	eine Anzeige schalten, inserieren
media *pl* [ˈmiːdɪə]	Medien
We advertise in a range of media.	Wir machen in zahlreichen Medien Werbung.
advertising medium [ˈædvətaɪzɪŋ ˈmɪːdɪəm]	Werbemittel
Internet ad [ˈɪntənət æd]	Internetwerbung

In der Internetwerbung spricht man u.a. von *banners* (Werbeblock, Werbebanner) und *pop-ups* (automatisch erscheinende Bildschirmwerbung). Und auch *social media* und *internet videos* sind wichtig.

newspaper ad [ˈnjuːzpeɪpə æd]	Zeitungsinserat
commercial [kəˈmɜːʃəl]	Werbespot (Radio, TV)
infomercial [ɪnfəʊˈmɜːʃəl]	Werbesendung
attract customers [əˈtrækt ˈkʌstəməz]	Kunden gewinnen
leaflet [ˈliːflɪt]	Prospekt, Handzettel
poster [ˈpəʊstə]	Plakat
word-of-mouth advertising [wɜːd əv məʊθ ˈædvətaɪzɪŋ]	Mund-zu-Mund-Propaganda
Word-of-mouth advertising is cheap and effective.	Mund-zu-Mund-Propaganda ist kostengünstig und wirksam.
publicity [pʌbˈlɪsɪtɪ]	Werbung, Publizität
They have received much negative publicity.	Sie haben viel negative Publizität bekommen.
publicity campaign [pʌbˈlɪsɪtɪ kæmˈpeɪn]	Werbekampagne
public [ˈpʌblɪk]	öffentlich, Öffentlichkeit
We must maintain our image among the general public.	Wir müssen unser Image in der Öffentlichkeit pflegen.

Public Relations (PR) [ˈpʌblɪk rɪˈleɪʃənz] — Public Relations, Öffentlichkeitsarbeit
Public Relations concentrates on promoting the company's image. — Die Öffentlichkeitsarbeit konzentriert sich darauf, für das Image der Firma zu werben.

> *PR exercises* (PR-Aktivitäten), um das Image einer Firma zu verbessern, sind z. B.:
> *open-day(s)* — Tag(e) der offenen Tür
> *sponsoring* — Sponsorenunterstützung

sponsor [ˈspɒnsə] — Förderer(in), fördern
sponsorship [ˈspɒnsəʃɪp] — finanzielle Förderung
promote [prəˈməʊt] — werben für
We are sponsoring this event to promote our image. — Wir sponsern diese Veranstaltung, um unser Image zu verbessern.
promotion [prəˈməʊʃən] — Werbeaktion, Förderung
sales promotion [ˈseɪlz prəˈməʊʃən] — Verkaufsförderung
promotional material [prəˈməʊʃənəl məˈtɪərɪəl] — Werbematerial
presentation [prezənˈteɪʃən] — (Verkaufs-)Präsentation
You are required to give a ten-minute product presentation. — Sie sollen eine zehnminütige Produktpräsentation halten.
free gift [friː ˈgɪft] — Werbegeschenk
giveaway [ˈgɪvəweɪ] — Werbegeschenk
sample [ˈsɑːmpl] — (Waren-)Probe, Muster, probieren, kosten
free sample [friː ˈsɑːmpl] — Gratisprobe, Werbemuster
We are offering free samples of our products. — Wir bieten gerade kostenlose Proben unserer Produkte an.
mailshot [ˈmeɪlʃɒt] — Postwurfsendung, Mailing
mailing list [ˈmeɪlɪŋ lɪst] — Verteilerliste, Adressenliste
junk mail [ˈdʒʌŋk meɪl] — (unerwünschte) Reklamesendungen
press release [ˈpres rɪˈliːs] — Pressemitteilung
press conference [ˈpres ˈkɒnfərəns] — Pressekonferenz

6. Messen

fair [feə]	Messe, Ausstellung
trade fair ['treɪd feə]	Handelsmesse, Fachmesse
trade fair grounds *pl* ['treɪd feə graʊndz]	Messegelände
venue ['venjuː]	Veranstaltungsort
exhibition [eksɪ'bɪʃən]	Ausstellung
exhibit [ek'zɪbɪt]	Ausstellungsstück, ausstellen
exhibitor [ek'zɪbɪtə]	Aussteller
attend a fair [ə'tend ə feə]	an einer Messe teilnehmen
We are planning to attend the fair in London.	Wir planen an der Messe in London teilzunehmen.
visit a fair ['vɪzɪt ə feə]	eine Messe besuchen
visitor ['vɪzɪtə]	Besucher(in)
registration [redʒɪ'streɪʃən]	(Messe-)Anmeldung, Registrierung
The registration deadline for the fair is next week.	Die Anmeldungsfrist für die Messe endet Ende nächster Woche.
exhibition space [eksɪ'bɪʃən speɪs]	Ausstellungsfläche
floor plan ['flɔːplæn]	Übersichtsplan
stand [stænd]	Stand
stand rental [stænd 'rentəl]	Standmiete
stand location [stænd ləʊ'keɪʃən]	Standlage
put up a stand [pʊt ʌp ə 'stænd]	einen Stand aufstellen
dismantle a stand [dɪs'mæntl ə stænd]	einen Stand abbauen
display [dɪ'spleɪ]	Auslage, ausstellen
on display [ɒn dɪ'spleɪ]	ausgestellt
quote [kwəʊt]	Angebot, ein Preisangebot machen
Please let us have your most favourable quote for a stand.	Bitte lassen Sie uns Ihr günstigstes Angebot für einen Stand zukommen.
facilities *pl* [fə'sɪlɪtiːz]	Räumlichkeiten
We would require these facilities for the duration of the fair.	Wir würden diese Räumlichkeiten für die Dauer der Messe brauchen.
furniture and equipment ['fɜːnɪtʃə ənd ɪ'kwɪpmənt]	Einrichtung und Ausrüstung

1. Transport

ship [ʃɪp]	versenden, befördern, Schiff
Your order will be shipped tomorrow.	Ihre Bestellung wird morgen versendet.
shipment [ˈʃɪpmənt]	Warensendung, Lieferung, Verschiffung
shipping [ˈʃɪpɪŋ]	Versand
consolidated shipment [kənˈsɒlɪdeɪtəd ˈʃɪpmənt]	Sammelladung
shipping documents *pl* [ˈʃɪpɪŋ ˈdɒkjumənts]	Versandpapiere
consignment [ˈkənsaɪnmənt]	Sendung, Warensendung
part consignment [pɑːt ˈkənsaɪnmənt]	Teillieferung
forward [ˈfɔːwəd]	versenden
Your consignment will be forwarded by rail to the nearest goods station.	Ihre Waren werden per Bahn an den nächsten Güterbahnhof versendet.
forwarder [ˈfɔːwədə]	Absender(in), Spediteur
transport [trænsˈpɔːt]	transportieren
mode of transport [məʊd əv ˈtrænspɔːt]	Transportart
roll-on roll-off transport (ro-ro) [rəʊlˈɒn rəʊlˈɒf ˈtrænspɔːt]	Ro-Ro-Verkehr

i *Ro-ro transport (roll-on roll-off transport)* bedeutet, dass die Waren in einem Container verpackt sind, der während einer Fähr- oder Seepassage auf dem LKW bleibt. Der LKW kann dann im Zielhafen direkt vom Schiff zum Bestimmungsort fahren.

carrier [ˈkærɪə]	Frachtführer, Spediteur
carriage [ˈkærɪdʒ]	Fracht, Transport
carriage charges *pl* [ˈkærɪdʒ ˈtʃɑːdʒəz]	Frachtkosten
carriage paid [ˈkærɪdʒ peɪd]	frachtfrei
logistics [ləˈdʒɪstɪks]	Logistik

destination [destɪˈneɪʃən]	Bestimmungsort
weight limit [ˈweɪt ˈlɪmɪt]	Höchstgewicht
freight [freɪt]	Fracht(gut), Ladung
freight charges *pl* [ˈfreɪt ˈtʃɑːdʒəz]	Frachtkosten
sea freight [ˈsiː freɪt]	Seefracht
air freight [ˈeə freɪt]	Luftfracht
The goods will be sent as air freight on Lufthansa flight number … from Düsseldorf.	Die Waren werden als Luftfracht mit dem Lufthansa-Flug Nr. … von Düsseldorf verschickt.
by air [baɪ ˈeə]	per Luftfracht
airline [ˈeəlaɪn]	Fluglinie
by sea [baɪ ˈsiː]	per Schiff
port [pɔːt]	Hafen
harbour [ˈhɑːbə]	Hafen
vessel [ˈvesɪl]	Schiff
bill of lading [bɪl əv ˈleɪdɪŋ]	Seefrachtbrief, Konnossement

Bill of lading: Das Konnossement heißt „Seefrachtbrief", wenn Waren per Seefracht gesendet werden. Mit einem *clean bill of lading* oder „reinem Konnossement" beweist der Spediteur, dass sich die Waren bei der Ladung auf das Schiff in gutem Zustand befanden. Das Gegenteil nennt man *unclean/dirty bill of lading,* wenn Waren beschädigt oder unvollständig sind.

by rail [baɪ ˈreɪl]	per Bahn
rail transport [ˈreɪl ˈtrænspɔːt]	Transport per Schiene
Rail transport is preferable for bulk cargoes and containers.	Transport per Schiene wird bei Massengüterversand und Containertransport bevorzugt.
goods train *BE* [ˈgʊdz treɪn]	Güterzug
by road [baɪ ˈrəʊd]	per Güterkraftverkehr
lorry *BE* [ˈlɒrɪ], **truck** *AE* [trʌk]	Lastwagen
trucking [ˈtrʌkɪŋ]	Güterkraftverkehr
haulier [ˈhɔːlɪə]	LKW-Unternehmer
road haulage [ˈrəʊd ˈhɔːlɪdʒ]	Güterkraftverkehr
(delivery) van [(dɪˈlɪvərɪ) væn]	Lieferwagen

courier [ˈkʊrɪə]	Kurier
toll [təʊl]	Maut
in transit [ɪn ˈtrænsɪt]	auf dem Weg, unterwegs
en route [ɒ̃ ˈru:t]	auf dem Weg, unterwegs
cargo [ˈkɑ:gəʊ]	Ladung, Fracht
bulk cargo [ˈbʌlk ˈkɑ:gəʊ]	Massengüter
mixed cargo [ˈmɪkst ˈkɑ:gəʊ]	Stückgut
load [ləʊd]	Ladung, beladen
unload [ʌnˈləʊd]	ausladen, entladen
His job is to unload lorries.	Seine Aufgabe ist es, LKWs zu entladen.

2. Verpackung

pack [pæk]	packen, einpacken
Our goods are machine-packed.	Unsere Waren werden maschinell verpackt.
package [ˈpækɪdʒ]	Paket
packing [ˈpækɪŋ]	Verpacken, Verpackung

i *Packaging* (Verpackung) muss der Art der Waren und ihrem Transportweg angepasst sein. Tee wird in *chests* (Kisten) verpackt, Kaffee in *sacks* (Säcken), Flüssigkeiten in *drums* (Tonnen), Baumwolle in *bales* (Ballen). Geräte und Maschinen werden zum Transport auf *pallets* (Paletten) montiert.

packing costs *pl* [ˈpækɪŋ kɒsts]	Verpackungskosten
postage and packing [ˈpəʊstɪdʒ ənd ˈpækɪŋ]	Porto und Verpackung
packaging [ˈpækɪdʒɪŋ]	Verpackung
waterproof [ˈwɔ:təpru:f]	wasserdicht
airtight [ˈeətaɪt]	luftdicht
It is advisable to use airtight packaging for such goods.	Für diese Waren empfehlen wir, eine luftdichte Verpackung zu verwenden.
padded [ˈpædɪd]	gepolstert
pallet [ˈpælɪt]	Palette

The pallets will be picked up by our carrier with the next consignment.	Die Paletten werden von unserem Frachtführer abgeholt, wenn die nächste Sendung geliefert wird.
box [bɒks]	Karton, Kiste, verpacken
cardboard box [ˈkɑːdbɔːd bɒks]	Karton
drum [drʌm]	Tonne
barrel [ˈbærəl]	Fass, Barrel (Erdöl)
The price of oil is normally specified in dollars per barrel.	Der Ölpreis wird normalerweise in Dollar pro Barrel angegeben.
parcel [ˈpɑːsl]	Paket
contain [kənˈteɪn]	enthalten
caution marks *pl* [ˈkɔːʃən mɑːks]	Sicherheitsmarkierungen
fragile [ˈfrædʒaɪl]	zerbrechlich
We specialize in transporting fragile goods.	Wir sind auf den Transport zerbrechlicher Güter spezialisiert.
this side up [ðɪs saɪd ˈʌp]	hier oben
insufficient [ɪnsəˈfɪʃənt]	ungenügend
Damage to the goods is often due to insufficient packing.	Warenschäden sind häufig auf ungenügende Verpackung zurückzuführen.
dimensions *pl* [deɪˈmenʃənz]	Abmessungen
length [leŋθ]	Länge
width [wɪdθ]	Breite
height [haɪt]	Höhe

3. Lagerung

storage [ˈstɔːrɪdʒ]	Lagerung
storage facilities *pl* [ˈstɔːrɪdʒ fəˈsɪlətiːz]	Lagermöglichkeiten
storage capacity [ˈstɔːrɪdʒ kəˈpæsətɪ]	Lagerkapazität
store [stɔː]	Lager, Vorrat, lagern, aufbewahren
Our goods are all stored centrally.	Unsere Waren werden alle zentral gelagert.
warehouse [ˈweəhaʊs]	Lagerhaus, Lager

stock [stɒk]	Lagerbestand, Vorrat, lagern, aufbewahren
have in stock [hæv ɪn ˈstɒk]	vorrätig, auf Lager haben
We have a wide range of winter coats in stock.	Wir haben eine große Auswahl an Wintermänteln auf Lager.
out of stock [aʊt əv ˈstɒk]	ausverkauft
stock up [stɒk ˈʌp]	aufstocken
We need to stock up on office supplies.	Wir müssen unseren Bestand an Büromaterial aufstocken.
take stock [teɪk ˈstɒk]	Inventur machen
stocks *pl* [stɒks]	Vorräte
while stocks last [waɪl ˈstɒks lɑːst]	solange der Vorrat reicht
available [əˈveɪləbl]	verfügbar, vorrätig, lieferbar
shelf life [ˈʃelf laɪf]	Lagerfähigkeit
Many food products have a short shelf life.	Viele Lebensmittel haben eine kurze Lagerfähigkeit.
sell-by date [ˈselbaɪ deɪt]	Haltbarkeitsdatum
shortage [ˈʃɔːtɪdʒ]	Mangel, Knappheit

4. Lieferung

deliver [dɪˈlɪvə]	liefern, zustellen
When can you deliver the goods?	Wann können Sie die Waren liefern?
delivery [dɪˈlɪvərɪ]	Lieferung, Auslieferung
delivery note [dɪˈlɪvərɪ nəʊt]	Lieferschein
delivery instructions *pl* [dɪˈlɪvərɪ ɪnˈstrʌkʃənz]	Lieferanweisung, Liefervorschriften
Please follow our delivery instructions carefully.	Bitte befolgen Sie unsere Liefervorschriften sorgfältig.
advice of delivery [ədˈvaɪs əv dɪˈlɪvərɪ]	Rückschein, Versandanzeige
delay in delivery [dɪˈleɪ ɪn dɪˈlɪvərɪ]	Lieferverzug
We would like to apologize for the delay in delivery of your order.	Wir möchten uns für den Lieferverzug bei Ihrer Bestellung entschuldigen.
special delivery [ˈspeʃəl dɪˈlɪvərɪ]	Eilzustellung

take delivery of [teɪk dɪˈlɪvərɪ əv]	in Empfang nehmen
refusal [rɪˈfjuːzəl]	Ablehnung
refusal of delivery [rɪˈfjuːzəl əv dɪˈlɪvərɪ]	Annahmeverweigerung
part delivery [ˈpɑːt dɪˈlɪvərɪ]	Teillieferung
delivery date [dɪˈlɪvərɪ ˈdeɪt]	Liefertermin, Lieferdatum
delivery deadline [dɪˈlɪvərɪ ˈdedlaɪn]	Lieferfrist
just-in-time delivery [dʒʌstɪnˈtaɪm dɪˈlɪvərɪ]	wartezeitfreie Lieferung, JIT-Lieferung
express delivery [ɪkˈspres dɪˈlɪvərɪ]	Eilsendung
at short notice [ət ˈʃɔːt ˈnəʊtɪs]	kurzfristig
urgent [ˈɜːdʒənt]	dringend
door-to-door delivery [dɔːtəˈdɔː dɪˈlɪvərɪ]	Haus-zu-Haus-Lieferung
One advantage of road transport is that the goods can be delivered door-to-door.	Ein Vorteil beim LKW-Transport ist, dass Waren von Haus zu Haus geliefert werden können.
delivery charge [dɪˈlɪvərɪ ˈtʃɑːdʒ]	Lieferkosten
dispatch [dɪˈspætʃ]	Versand, Sendung, (ver)senden, schicken
Your order will be dispatched in the morning.	Ihre Bestellung wird morgen Vormittag verschickt.
ready for dispatch [ˈredɪ fə dɪˈspætʃ]	versandbereit
terms of delivery *pl* [tɜːmz əv dɪˈlɪvərɪ]	Lieferbedingungen
free [friː]	kostenlos, frei
free domicile [ˈfriː ˈdɒmɪsaɪl]	frei Haus
shipping costs *pl* [ˈʃɪpɪŋ kɒsts]	Versandkosten
Incoterms *pl* [ɪnkəʊˈtɜːmz]	Internationale Lieferbedingungen
cost and freight (CFR) [kɒst ənd ˈfreɪt]	Kost und Fracht
cost, insurance and freight (CIF) [ˈkɒst ɪnˈʃʊərəns ənd ˈfreɪt]	Kosten, Versicherung und Fracht
The goods have been shipped CIF Dover as requested.	Die Waren wurden wie gewünscht CIF Dover verschifft.

delivered duty paid (DDP) [dɪˈlɪvəd ˈdjuːtɪ peɪd] — verzollt geliefert
ex works [ɪks ˈwɜːks] — ab Werk
not yet arrived [nɒt jet əˈraɪvd] — noch nicht eingetroffen
in bad order [ɪn bæd ˈɔːdə] — in schlechtem Zustand
We must complain as the goods have arrived in bad order. — Wir müssen uns beschweren, da die Waren in schlechtem Zustand eingetroffen sind.

5. Versicherung

insurance [ɪnˈʃʊərəns] — Versicherung
insurance policy [ɪnˈʃʊərəns ˈpɒləsɪ] — Versicherungspolice
insurance company [ɪnˈʃʊərəns ˈkʌmpənɪ] — Versicherungsgesellschaft
insurance premium [ɪnˈʃʊərəns ˈpriːmɪəm] — Versicherungsprämie
insurance broker [ɪnˈʃʊərəns ˈbrəʊkə] — Versicherungsmakler
take out insurance [teɪk aʊt ɪnˈʃʊərəns] — eine Versicherung abschließen
insured party [ɪnˈʃʊəd ˈpɑːtɪ] — die versicherte Person
insurer [ɪnˈʃʊərə] — Versicherer, Versicherungsträger
insure [ɪnˈʃʊə] — versichern
We must insure the building against fire and theft. — Wir müssen das Gebäude gegen Feuer und Diebstahl versichern.
be insured against sth. [bɪ ɪnˈʃʊəd əˈgenst ˈsʌmθɪŋ] — gegen etw. versichert sein
partial loss [ˈpɑːʃəl lɒs] — Teilverlust
insurance value [ɪnˈʃʊərəns ˈvæljuː] — Versicherungswert
What is the insurance value of the consignment? — Welchen Versicherungswert hat die Sendung?
cargo insurance [ˈkɑːgəʊ ɪnˈʃʊərəns] — Cargokostenversicherung

freight insurance [freɪt ɪnˈʃʊərəns]	Frachtkostenversicherung

> Weitere Versicherungsarten sind z.B.:
>
> | | |
> |---|---|
> | *extended coverage insurance* | EC-Versicherung |
> | *life insurance/life assurance* | Lebensversicherung |
> | *fire insurance* | Brandschutzversicherung |
> | *liability insurance* | Haftpflichtversicherung |

insurance rates *pl* [ɪnˈʃʊərəns reɪts]	Versicherungstarife
insurance claim [ɪnˈʃʊərəns kleɪm]	Versicherungsanspruch, Sicherungsfall
make an insurance claim [ˈmeɪk ən ɪnˈʃʊərəns kleɪm]	Schadenersatz fordern
claim form [ˈkleɪm fɔːm]	Schadenformular
settle a claim [setl ə ˈkleɪm]	einen Schaden regulieren
The insurance company refuses to settle our claim.	Die Versicherungsgesellschaft weigert sich, unseren Schaden zu regulieren.
damage [ˈdæmɪdʒ]	Schaden
claim for damages [kleɪm fə ˈdæmɪdʒəz]	Schadenersatzanspruch
liability [laɪəˈbɪlətɪ]	Haftung
product liability [ˈprɒdʌkt laɪəˈbɪlətɪ]	Produkthaftung
be liable for [bɪ ˈlaɪəbəl fɔː]	haftbar sein für, haften für
cover [ˈkʌvə]	(ab)decken, versichern
insurance cover [ɪnˈʃʊərəns ˈkʌvə]	Versicherungsschutz
maximum cover [ˈmæksɪməm ˈkʌvə]	maximale Deckungshöhe
risk [rɪsk]	Risiko
compensation [kɒmpenˈseɪʃən]	Schadenersatz, Entschädigung
mutual [ˈmjuːtʃʊəl]	gemeinsam, beiderseitig, gegenseitig
mutual insurance [ˈmjuːtʃʊəl ɪnˈʃʊərəns]	Versicherung auf Gegenseitigkeit

1. Banken und Konten

commercial bank [kəˈmɜːʃl bæŋk]	Handelsbank, Geschäftsbank
High Street banks *pl, BE* [ˈhaɪstriːt bæŋks]	(britische) Großbanken

In Großbritannien heißen manche Handelsbanken auch *High Street Banks,* da sie in vielen Städten mit Niederlassungen in der örtlichen Hauptstraße vertreten sind.

bank branch [ˈbæŋk brɑːntʃ]	Filiale
branch manager [brɑːntʃ ˈmænɪdʒə]	Filialleiter(in)
savings bank [ˈseɪvɪŋz bæŋk]	Sparkasse
central bank [ˈsentrəl bæŋk]	Zentralbank

In Großbritannien ist die *central bank* (Zentralbank) die *Bank of England.* Sie wird wegen ihrer Adresse auch *The Old Lady of Threadneedle Street* genannt. In den USA heißt die Zentralbank *The Federal Reserve Bank* oder kurz *the Fed.*

building society *BE* [ˈbɪldɪŋ səˈsaɪɪtɪ]	Bausparkasse
British building societies are often owned by their members.	Britische Bausparkassen gehören oft ihren Mitgliedern.
merchant bank [ˈmɜːtʃənt bæŋk]	Handelsbank
financial institution [faɪˈnænʃəl ɪnstɪˈtjuːʃən]	Geldinstitut
He would like to work for a financial institution.	Er möchte gerne für ein Geldinstitut arbeiten.
vault [vɔːlt]	Tresor(raum)
monetary [ˈmʌnɪtrɪ]	monetär, Geld…, Währungs…
treasury [ˈtreʒərɪ]	Finanzministerium, Fiskus

i In den USA wird das Finanzministerium *The Treasury* genannt, geleitet wird es von dem *Treasury Secretary.* In Großbritannien heißt das Ministerium *The Exchequer,* und es wird vom *Chancellor of the Exchequer* geführt. Dieser wohnt im Haus Nr. 11 in der *Downing Street,* direkt neben dem Premierminister in Nr. 10.

Internet banking ['ɪntənet 'bæŋkɪŋ]	Internetbanking
banking service ['bæŋkɪŋ 'sɜːvɪs]	Bankdienstleistung
account [ə'kaʊnt]	(Kunden-)Konto, Rechnung
account balance [ə'kaʊnt 'bæləns]	Kontostand
account management [ə'kaʊnt 'mænɪdʒmənt]	Kontoführung, Kundenbetreuung
bank account ['bæŋk ə'kaʊnt]	Bankkonto
I have opened a new bank account.	Ich habe ein neues Bankkonto eröffnet.
current account [kʌrənt ə'kaʊnt]	Girokonto
savings *pl* ['seɪvɪŋz]	Ersparnisse
savings account ['seɪvɪŋz ə'kaʊnt]	Sparkonto
deposit [dɪ'pɒzɪt]	Einzahlung, deponieren, einzahlen
deposit account [dɪ'pɒzɪt ə'kaʊnt]	Sparkonto
joint account [dʒɔɪnt ə'kaʊnt]	Gemeinschaftskonto
open an account ['əʊpən ən ə'kaʊnt]	ein Konto eröffnen
You need to have proof of identity in order to open a bank account.	Um ein Bankkonto zu eröffnen, müssen Sie sich ausweisen können.
close an account [kləʊz ən ə'kaʊnt]	ein Konto schließen
block an account [blɒk ən ə'kaʊnt]	ein Konto sperren
pay in [peɪ 'ɪn]	(Geld) einzahlen
make a deposit [meɪk ə dɪ'pɒzɪt]	Geld einzahlen
fixed deposit [fɪkst dɪ'pɒzɪt]	Festgeld
interest ['ɪntrest]	Zins(en), Anteil, Beteiligung

interest rate ['ɪntrest reɪt]	Zinssatz
earn interest [ɜːn 'ɪntrest]	Zins bringen
The savings account earns 1% interest annually.	Das Sparkonto bringt jährlich 1 % Zinsen.
pay interest on [peɪ 'ɪntrest ɒn]	verzinsen
accrual of interest [ə'kruːəl əv 'ɪntrest]	Zinsthesaurierung
compound interest ['kɒmpaʊnd 'ɪntrəst]	Zinseszins
key rate ['kiː reɪt]	Leitzins
credit an account ['kredɪt ən ə'kaʊnt]	einem Konto gutschreiben
withdrawal [wɪθ'drɔːəl]	Entnahme, Abhebung
make a withdrawal [meɪk ə wɪθ'drɔːəl]	Geld abheben
overdraft ['əʊvədrɑːft]	Kontoüberziehung
What is my overdraft limit?	Was ist meine Überziehungsgrenze?
bank overdraft [bæŋk 'əʊvədrɑːft]	Überziehungskredit
overdraw an account [əʊvə'drɔː ən ə'kaʊnt]	ein Konto überziehen
transfer [træns'fɜː]	überweisen
bank transfer [bæŋk 'trænsfɜː]	Banküberweisung
Please pay via bank transfer.	Bitte zahlen Sie per Banküberweisung.
statement of account ['steɪtmənt ʌv ə'kaʊnt]	Kontoauszug
bank statement [bæŋk 'steɪtmənt]	Kontoauszug
bank charges *pl* [bæŋk 'tʃɑːdʒɪz]	Kontogebühren, Bankgebühren
balance ['bæləns]	Saldo, Restbetrag, Differenz
account details *pl* [ə'kaʊnt 'diːteɪlz]	Bankverbindung, Kontodaten
account number [ə'kaʊnt 'nʌmbə]	Kontonummer
sort code ['sɔːt kəʊd]	Bankleitzahl
cheque *BE*, **check** *AE* [tʃek]	Scheck
payee [peɪ'iː]	Zahlungsempfänger(in)

credit card [ˈkredɪt kɑːd]	Kreditkarte
debit [ˈdebɪt]	Soll, Belastung, Lastschrift
debit card [ˈdebɪt kɑːd]	Bankkarte
I pay for expensive items with my debit card.	Ich bezahle teure Artikel mit meiner Bankkarte.
direct debit [daɪˈrekt ˈdebɪt]	Einzugsermächtigung
cash card [ˈkæʃ kɑːd]	EC-Karte
cashpoint [ˈkæʃpɔɪnt]	Geldautomat
Is there a cashpoint nearby?	Gibt es hier in der Nähe einen Geldautomaten?
standing order [ˈstændɪŋ ˈɔːdə]	Dauerauftrag

2. Investitionen und Finanzierung

investment [ɪnˈvestmənt]	Investition, Geldanlage
invest in [ɪnˈvest ɪn]	investieren in
investor [ɪnˈvestə]	Kapitalanleger(in), Investor(in)
finance [ˈfaɪnæns]	Finanz, Finanzwesen, finanzieren
A loan was used to finance the deal.	Ein Darlehen wurde verwendet, um den Handel zu finanzieren.
finances *pl* [ˈfaɪnænsəz]	Finanzen, Finanzmittel
financial assets *pl* [faɪˈnænʃəl ˈæsets]	Geldvermögen
fund [fʌnd]	Fonds, finanzieren
We require new investment to fund our restructuring.	Wir benötigen neue Investitionen, um unsere Umgestaltung zu finanzieren.
funding [ˈfʌndɪŋ]	Finanzierung
funds *pl* [fʌndz]	Mittel, Gelder
be short of funds [bɪ ʃɔːt əv ˈfʌndz]	knapp bei Kasse sein
capital [ˈkæpɪtəl]	Kapital, Vermögen
capital account [ˈkæpɪtəl əˈkaʊnt]	Vermögensrechnung
capital gains *pl* [ˈkæpɪtəl geɪnz]	Veräußerungsgewinne
opening capital [ˈəʊpənɪŋ ˈkæpɪtəl]	Anfangskapital, Startkapital

corporate net worth ['kɔːpərət net wɜːθ]	Eigenkapital
liquidity [lɪ'kwɪdɪtɪ]	Liquidität
grant [grɑːnt]	Subvention, Beihilfe, gewähren
gain [geɪn]	Zunahme, Zuwachs, Gewinn, hinzugewinnen
return [rɪ'tɜːn]	Rückgabe, Ertrag
rate of return [reɪt əv rɪ'tɜːn]	Rendite
return on investment (ROI) [rɪ'tɜːn ɒn ɪn'vestmənt]	Kapitalrendite
yield [jiːld]	Ertrag, Rendite, hervorbringen, abwerfen
This investment offers a high yield.	Diese Investition bietet eine hohe Rendite.
average yield ['ævərɪdʒ jiːld]	Durchschnittsertrag
yield curve ['jiːld kɜːv]	Renditekurve
venture ['ventʃə]	Projekt, Wagnis
venture capital ['ventʃə 'kæpɪtəl]	Venture-Kapital, Risikokapital
assets *pl* ['æsets]	Aktivvermögen, Aktiva
liabilities *pl* [laɪə'bɪlɪtiːz]	Verbindlichkeiten, Passiva
assets and liabilities *pl* ['æsets ənd laɪə'bɪlɪtiːz]	Aktiva und Passiva, Vermögenswerte
solvency ['sɒlvənsɪ]	Zahlungsfähigkeit
solvent ['sɒlvənt]	zahlungsfähig, solvent
insolvency [ɪn'sɒlvənsɪ]	Zahlungsunfähigkeit
insolvent [ɪn'sɒlvənt]	zahlungsunfähig
become insolvent [bɪ'kʌm ɪn'sɒlvənt]	zahlungsunfähig werden

3. Darlehen

loan [ləʊn]	Darlehen, Anleihe, verleihen
personal loan ['pɜːsənl ləʊn]	Privatkredit, persönliches Darlehen
He took out a personal loan to buy a car.	Er hat einen Privatkredit aufgenommen, um ein Auto zu kaufen.
building loan ['bɪldɪŋ ləʊn]	Baukredit
apply for a loan [ə'plaɪ fər ə ləʊn]	ein Darlehen beantragen

take out [teɪk ˈaʊt]	(einen Vertrag) abschließen
pay off [peɪ ˈɒf]	(sich) auszahlen, abbezahlen
repay [riːˈpeɪ]	abzahlen, erstatten
You are requested to repay the loan within one month.	Sie müssen das Darlehen innerhalb von einem Monat abzahlen.
repayment [riːˈpeɪmənt]	Rückzahlung, Abzahlung
credit [ˈkredɪt]	Kredit
overdraft credit [ˈəʊvədrɑːft ˈkredɪt]	Überziehungskredit
unsecured credit [ʌnsəˈkjʊəd ˈkredɪt]	Blankokredit
credit balance [ˈkredɪt ˈbæləns]	Guthaben, Aktivsaldo
creditor [ˈkredɪtə]	Gläubiger(in)
lender [ˈlendə]	Darlehensgeber(in)
borrower [ˈbɒrəʊə]	Kreditnehmer(in)
Borrowers will be hit hard by interest rate rises.	Kreditnehmer werden durch Zinssatzerhöhungen schwer betroffen.

i *To lend* wird oft mit *to borrow* verwechselt. Wenn man jemandem etwas leiht (z.B. Geld), verwendet man *to lend.*

He lent me £100. — Er lieh mir £100.

Wird etwas (aus)geliehen oder (aus)geborgt, verwendet man *to borrow.*

I borrowed money from the bank. — Ich habe Geld von der Bank geliehen.

borrowing limit [ˈbɒrəʊɪŋ ˈlɪmɪt]	Kreditlimit
guarantee [gærənˈtiː]	Bürgschaft, Sicherheit, garantieren, gewährleisten, bürgen für
guarantee of a bill [gærənˈtiː əv ə bɪl]	Aval, Bürgschaft
security [sɪˈkjʊərətɪ]	Bürgschaft, Kaution
rating [ˈreɪtɪŋ]	Einschätzung, Beurteilung der Bonität
credit rating [ˈkredɪt ˈreɪtɪŋ]	Kreditwürdigkeit
mortgage [ˈmɔːgɪdʒ]	Hypothek
take out a mortgage [teɪk aʊt ə ˈmɔːgɪdʒ]	eine Hypothek aufnehmen
indebtedness [ɪnˈdetɪdnɪs]	Schuldenlast, Verschuldung

4. Währungen und Wechselkurse

currency ['kʌrənsɪ]	Währung
In what currency should I pay you?	In welcher Währung soll ich Sie bezahlen?
unified currency ['ju:nɪfaɪd 'kʌrənsɪ]	Einheitswährung
hard currency [hɑ:d 'kʌrənsɪ]	harte Währung
soft currency [sɒft 'kʌrənsɪ]	weiche Währung
gold currency [gəʊld 'kʌrənsɪ]	Goldwährung
key currency [ki: 'kʌrensɪ]	Leitwährung
foreign currency account ['fɒrən 'kʌrənsɪ ə'kaʊnt]	Devisenkonto
coin [kɔɪn]	Münze

i Man nennt Münzen in Großbritannien *penny/pence* (z.B. *a ten-pence coin*). In den USA ist ein Dollar in *cents* unterteilt.
Ein Pfund nennt man in der Umgangssprache *quid* (BE) und einen Dollar *buck* (AE).

banknote ['bæŋknəʊt]	Schein
change [tʃeɪndʒ]	Wechselgeld
cash [kæʃ]	Bargeld
exchange [ɪks'tʃeɪndʒ]	Tausch, Devisen, tauschen, wechseln
rate of exchange [reɪt əv ɪks'tʃeɪndʒ]	Wechselkurs
Exporters benefit from a low exchange rate.	Exporteure profitieren von einem niedrigen Wechselkurs.
foreign exchange ['fɒrən ɪks'tʃeɪndʒ]	Devisen
Foreign exchange reserves can be used to stabilize a currency.	Devisenreserven können dazu verwendet werden, eine Währung zu stabilisieren.
exchange dealings *pl* [ɪks'tʃeɪndʒ 'di:lɪŋz]	Devisenhandel
floating exchange rate ['fləʊtɪŋ ɪks'tʃeɪndʒ reɪt]	Wechselkursfreigabe

fluctuation [flʌktjʊ'eɪʃən]	Schwankung, Fluktuation
revaluation [riːvæljʊ'eɪʃən]	Aufwertung, Neubewertung
rate [reɪt]	Satz, Tarif, Kurs
regulate ['regjʊleɪt]	regulieren, regeln

5. Steuern

tax [tæks], **taxes** ['tæksɪz] *pl*	Steuer, Abgabe, besteuern
taxable ['tæksəbl]	steuerpflichtig
income tax ['ɪnkʌm tæks]	Einkommenssteuer
turnover tax ['tɜːnəʊvə tæks]	Umsatzsteuer
value added tax (VAT) *BE* ['væljuː 'ædɪd tæks], **sales tax** *AE* [seɪlz tæks]	Mehrwertsteuer (MwSt.)
How much do we have to pay in VAT/sales tax?	Wie viel Mehrwertsteuer müssen wir bezahlen?
capital gains tax (CGT) ['kæpɪtəl geɪnz tæks]	Kapitalertragsteuer
inheritance tax [ɪn'herɪtəns tæks]	Erbschaftssteuer
corporation tax [kɔːpə'reɪʃən tæks]	Körperschaftsteuer
pre-tax ['priːtæks]	brutto, vor Abzug der Steuern
Pre-tax earnings rose ten per cent last year.	Das Vorsteuerergebnis hat sich letztes Jahr um zehn Prozent erhöht.
zero-rated [zɪərəʊ'reɪtɪd]	mehrwertsteuerfrei
percentage [pə'sentɪdʒ]	Prozentsatz
levy ['levɪ]	Steuer, Abgaben
taxation [tæk'seɪʃən]	Besteuerung
tax adviser [tæks əd'vaɪzə]	Steuerberater(in)
tax exemption [tæks ɪg'zempʃən]	Steuerbefreiung
tax evasion [tæks ɪ'veɪʒən]	Steuerhinterziehung
tax return [tæks rɪ'tɜːn]	Steuererklärung
file a tax return [faɪl ə tæks rɪ'tɜːn]	eine Steuererklärung abgeben

6. Börse

stocks *pl* [stɒks]	Aktienkapital
stock exchange [stɒk ɪks'tʃeɪndʒ]	Börse
stock market [stɒk 'mɑːkɪt]	Börse
stock market crash [stɒk 'mɑːkɪt kræʃ]	Börsensturz, Börsencrash

> Die wichtigsten internationalen Börsenindizes sind:
>
> | | |
> |---|---|
> | *Dow Jones Average (the Dow)* | New York |
> | *NASDAQ* | New York |
> | *FTSE* ['fʊtsɪ] | London |
> | *Hang Seng* | Hong Kong |
> | *Nikkei* | Tokyo |
> | *DAX* | Frankfurt/Main |
>
> In London nennt man das Finanzzentrum *The City* oder *The Square Mile,* in New York spricht man von der *Wall Street.*

stockbroker ['stɒkbrəʊkə]	Börsenmakler(in)
stockholder ['stɒkhəʊldə]	Aktionär(in)
share [ʃeə]	Anteil, Aktie
share capital [ʃeə 'kæpɪtəl]	Aktienkapital
share price ['ʃeə praɪs]	Aktienkurs
shareholder ['ʃeəhəʊldə]	Aktionär(in), Anteilseigner(in)
investment fund [ɪn'vestmənt fʌnd]	Investmentfonds
investment banking [ɪn'vestmənt 'bæŋkɪŋ]	Emissionsgeschäft, Investmentbanking
financial crisis [faɪ'nænʃl 'kraɪsɪz]	Finanzkrise
dividend ['dɪvɪdənd]	Dividende
securities *pl* [sɪ'kjʊərətiːz]	Effekten, Wertpapiere
bond [bɒnd]	Obligation, Anleihe, Rentenpapier
Bonds are usually considered to be a safe investment.	Festverzinsliche Wertpapiere gelten üblicherweise als eine sichere Investition.
bond market [bɒnd 'mɑːkɪt]	Rentenmarkt
bondholder ['bɒndhəʊldə]	Anleiheinhaber(in)

irredeemable bond [ɪrɪˈdiːməbl bɒnd]	Dauerschuldverschreibung
mortgage bond [ˈmɔːgɪdʒ bɒnd]	(Hypotheken-)Pfandbrief
junk bond [ˈdʒʌŋk bɒnd]	Risikoanleihe
pension fund [ˈpenʃən fʌnd]	Rentenfonds
government loan [ˈgʌvənmənt ləʊn]	Staatsanleihe
blue chips *pl* [ˈbluː tʃɪps]	erstklassige Aktien

> **i** Mit *blue chips* meint man erstklassige Aktien von hochrenommierten Firmen, die als eine sichere Investition gelten. Solche Firmen werden z.B. beim FTSE Top 100 notiert.

futures *pl* [ˈfjuːtʃəz]	Termingeschäfte
futures market [ˈfjuːtʃəz ˈmɑːkɪt]	Terminbörse
buying price [ˈbaɪɪŋ praɪs]	Einkaufspreis
selling price [ˈselɪŋ praɪs]	Verkaufspreis
forward price [ˈfɔːwəd praɪs]	Terminkurs
closing price [ˈkləʊzɪŋ praɪs]	Schlusskurs
Today's closing price was down on yesterday's.	Der Schlusskurs von heute lag unter dem gestrigen.
option [ˈɒpʃən]	Option, Vorkaufsrecht
speculate [ˈspekjuleɪt]	spekulieren
depreciation [dɪpriːʃɪˈeɪʃən]	Wertminderung, Abschreibung
broker [ˈbrəʊkə]	Broker(in), Makler(in)
brokerage [ˈbrəʊkərɪdʒ]	Maklergebühr, Courtage
bearish [ˈbeərɪʃ]	zur Baisse tendierend, flau
The outlook for the stock market is bearish.	Die Börsenaussichten sind flau.
bull market [bʊl ˈmɑːkɪt]	Hausse
listing [ˈlɪstɪŋ]	Auflistung, Börsennotierung
market index [ˈmɑːkɪt ɪndeks]	Marktindex
market rate [ˈmɑːkɪt reɪt]	Marktkurs, Tageskurs
gain [geɪn]	Gewinn, Zuwachs, gewinnen, erwerben
insider trading [ˈɪnsaɪdə ˈtreɪdɪŋ]	Insiderhandel

1. Bilanz

budget [ˈbʌdʒɪt] — Etat, Budget
balance [ˈbæləns] — Bilanz, bilanzieren
balance sheet [ˈbæləns ʃiːt] — Bilanz, Handelsbilanz

> Ein *balance sheet* zeigt alle Einzahlungen und Auszahlungen einer Firma und die Differenz zwischen beiden Summen. Die Firma kann diese Bilanz bei Kreditanträgen der Bank vorlegen.

balance an account [ˈbæləns ən əˈkaʊnt] — ein Konto ausgleichen
spreadsheet [ˈspredʃiːt] — Tabellenkalkulation
tabulate [ˈtæbjʊleɪt] — tabellarisch darstellen
Can you tabulate these figures, please? — Können Sie bitte diese Zahlen tabellarisieren?
balance sheet account [ˈbæləns ʃiːt əˈkaʊnt] — Bilanzkonto
balance sheet analysis [ˈbæləns ʃiːt əˈnæləsɪs] — Bilanzanalyse
healthy balance sheet [ˈhelθɪ ˈbæləns ʃiːt] — eine gesunde Bilanz
The firm presented a healthy balance sheet at the annual general meeting. — Die Firma stellte bei der Jahreshauptversammlung eine gesunde Bilanz vor.
monthly balance sheet [ˈmʌnθlɪ ˈbæləns ʃiːt] — monatliche Bilanz
consolidated balance sheet [kənˈsɒlɪdeɪtəd ˈbæləns ʃiːt] — konsolidierte Bilanz, Konzernbilanz
interim [ˈɪntərɪm] — vorläufig, Interims…, Zwischenzeit
interim balance sheet [ˈɪntərɪm ˈbæləns ʃiːt] — Zwischenbilanz
credit balance [ˈkredɪt ˈbæləns] — Habensaldo
debit balance [ˈdebɪt ˈbæləns] — Sollsaldo
The customer's account shows a debit balance of €5000. — Das Kundenkonto zeigt einen Sollsaldo von € 5000.

opening balance sheet ['əupənɪŋ 'bæləns ʃiːt]	Eröffnungsbilanz
financial accounting [faɪ'nænʃəl ə'kauntɪŋ]	Finanzbuchhaltung
financial statement [faɪ'nænʃəl 'steɪtmənt]	Bilanz
financial year [faɪ'nænʃəl jɪə]	Geschäftsjahr, Rechnungsjahr

2. Buchhaltung

bookkeeping ['bukkiːpɪŋ]	Buchführung, Buchhaltung
A sole trader has to do all his own bookkeeping.	Ein Alleininhaber muss die Buchführung eigenständig führen.
bookkeeper ['bukkiːpə]	Buchhalter(in)
book [buk]	buchen
Has this already been booked?	Wurde dies schon gebucht?
accounting [ə'kauntɪŋ]	Buchführung, Buchhaltung
accounting period [ə'kauntɪŋ 'pɪɔrɪəd]	Bilanzzeitraum
accounting records *pl* [ə'kauntɪŋ 'rekɔːds]	Geschäftsbücher, Bilanzunterlagen
accounts *pl* [ə'kaunts]	Geschäftsbücher, Konten, Rechnungen
We keep our accounts in good order.	Wir führen unsere Geschäftsbücher ordnungsgemäß
accounts payable *pl* [ə'kaunts 'peɪəbl]	Verbindlichkeiten
payable ['peɪəbl]	zahlbar, fällig
accounts receivable *pl* [ə'kaunts rɪ'siːvəbl]	Außenstände
annual accounts *pl* ['ænjuəl ə'kaunts]	Jahresabschluss
accountancy [ə'kauntənsɪ]	Buchführung, Rechnungswesen
I study accountancy.	Ich studiere Rechnungswesen.
accountant [ə'kauntənt]	Bilanzbuchhalter(in)
cost accounting [kɒst ə'kauntɪŋ]	Kostenrechnung

keep the accounts [kiːp ðiː əˈkaʊnts]	die Buchhaltung führen
double-entry bookkeeping [ˈdʌblentrɪ ˈbʊkkiːpɪŋ]	doppelte Buchführung
audit [ˈɔːdɪt]	Buchprüfung, Revision, Bücher/Konten prüfen
Our accounts are being audited next week.	Nächste Woche werden unsere Geschäftsbücher geprüft.
auditor [ˈɔːdɪtə]	Wirtschaftsprüfer(in)
auditing [ˈɔːdɪtɪŋ]	Wirtschaftsprüfung
internal [ɪnˈtɜːnəl]	intern, Innen…
internal audit [ɪnˈtɜːnəl ˈɔːdɪt]	interne Revision
external [ɪksˈtɜːnəl]	extern, Außen…
value [ˈvæljuː]	Wert, schätzen, bewerten
valuation [væljuːˈeɪʃən]	Schätzung, Bewertung, Schätzwert
item [ˈaɪtəm]	Posten
entry [ˈentrɪ]	Buchung
break down [breɪk ˈdaʊn]	aufschlüsseln
calculate [ˈkælkjuleɪt]	berechnen, ausrechnen
check [tʃek]	prüfen, kontrollieren
cost [kɒst]	Kosten, Preis, etw. kosten
incur costs [ɪnˈkɜː kɒsts]	Kosten verursachen, entstehen
The machinery breakdown incurred unexpected costs.	Durch die Betriebsstörung wurden unerwartete Kosten verursacht.
fixed costs *pl* [ˈfɪkst kɒsts]	Fixkosten

> *Fixed costs* sind die allgemeinen Unkosten, die in einem Betrieb anfallen, wie z.B. *rent* (Miete), *heating* (Heizkosten), *electricity* (Strom).

labour costs *pl* [ˈleɪbə kɒsts]	Lohnkosten
Labour costs are an important factor.	Die Lohnkosten sind ein wichtiger Faktor.
production costs *pl* [prəˈdʌkʃən kɒsts]	Herstellungskosten
additional [əˈdɪʃənəl]	zusätzlich
additional costs *pl* [əˈdɪʃənəl kɒsts]	Zusatzkosten

We will cover any additional costs for transport of the goods.	Wir werden alle Zusatzkosten für den Warentransport übernehmen.
actual costs *pl* ['æktuəl kɒsts]	Istkosten
ancillary costs *pl* [æn'sɪlərɪ kɒsts]	Nebenkosten
budgeted costs *pl* ['bʌdʒɪtəd kɒsts]	Sollkosten
operating costs *pl* ['ɒpəreɪtɪŋ kɒsts]	Betriebskosten
overhead costs *pl* ['əʊvəhed kɒsts]	Betriebskosten
variable costs *pl* ['veərɪəbl kɒsts]	variable Kosten
cost advantage [kɒst əd'vɑːntɪdʒ]	Kostenvorteil
cost centre [kɒst 'sentə]	Kostenstelle
cost-effective [kɒst ɪ'fektɪv]	rentabel, kostengünstig
cover costs ['kʌvə kɒsts]	die Kosten decken
cost per unit [kɒst pɜː 'juːnɪt]	Stückkosten
cost analysis [kɒst ə'næləsɪs]	Kostenanalyse
cost savings *pl* [kɒst 'seɪvɪŋz]	Kostenersparnisse
cost price [kɒst praɪs]	Selbstkostenpreis
historical costing [hɪ'stɒrɪkəl 'kɒstɪŋ]	Nachkalkulation
marginal costing ['mɑːdʒɪnl 'kɒstɪŋ]	Grenzkostenrechnung
outlay ['aʊtleɪ]	Ausgaben, Kosten
The outlay for this project will be great.	Die Kosten dieses Projektes werden hoch sein.
spending ['spendɪŋ]	Ausgaben
expenditure [ɪk'spendɪtʃə]	Ausgaben
expenses *pl* [ɪk'spensɪz]	Ausgaben, Spesen
statement of expenses ['steɪtmənt əv ɪk'spensəz]	Spesenabrechnung
incur [ɪn'kɜː]	erleiden, machen
We have incurred a loss on our investments.	Wir haben bei unseren Investitionen einen Verlust erlitten.

incur expenses [ɪnˈkɜː ɪkˈspensəz]	Unkosten haben

> Häufige Verwendungen von *incur* sind z.B.
>
> | | |
> |---|---|
> | *to incur debts* | Schulden machen |
> | *to incur losses* | Verluste erleiden |
> | *to incur risks* | Risiken eingehen |
> | *to incur charges* | Gebühren zahlen müssen |
>
> Achtung: Verwechseln Sie *to incur* jedoch nicht mit *to occur* (sich ereignen, vorkommen):
>
> | | |
> |---|---|
> | *an error has occurred* | ein Fehler ist aufgetreten |

expense account [ɪkˈspens əˈkaʊnt]	Spesenkonto
travel expenses *pl* [ˈtrævl ɪkˈspensəz]	Reisekosten, Reisespesen
You can reclaim your travelling expenses.	Sie können Ihre Reisekosten zurückfordern.
accruals *pl* [əˈkruːəls]	Rückstellungen, Abgrenzungsposten
occur [əˈkɜː]	vorkommen, auftreten
lack [læk]	Mangel, Fehlen, mangeln, fehlen
allow [əˈlaʊ]	erlauben, gewähren
allowance [əˈlaʊəns]	Freibetrag, Spesen, Anerkennung
handling [ˈhændlɪŋ]	Bearbeitung, Handhabung

3. Rechnungen

invoice [ˈɪnvɔɪs]	Rechnung, in Rechnung stellen

> Eine Rechnung *(invoice)* weist nicht nur den Preis der Waren aus, sondern enthält auch wichtige Einzelheiten des Verkaufsvertrags, wie
>
> | | |
> |---|---|
> | *means of transport* | Transportweg |
> | *country of destination* | Bestimmungsland |
> | *country of origin* | Ursprungsland |
> | *forwarder* | Spediteur |
> | *terms of delivery and payment* | Liefer- und Zahlungsbedingungen |

invoicing ['ɪnvɔɪsɪŋ]	Rechnungsausstellung, Fakturierung
final invoice [faɪnəl 'ɪnvɔɪs]	Endrechnung
pro-forma invoice ['prəufɔ:mə 'ɪnvɔɪs]	Pro-forma-Rechnung
A pro-forma invoice can serve as a quotation for the goods.	Eine Pro-forma-Rechnung kann als Preisangebot dienen.
invoice item ['ɪnvɔɪs 'aɪtəm]	Rechnungsposten
sum [sʌm]	Summe, Betrag
sum total [sʌm 'təutl]	Gesamtbetrag
amount [ə'maunt]	Betrag, Menge
invoice date ['ɪnvɔɪs deɪt]	Rechnungsdatum
invoice number ['ɪnvɔɪs 'nʌmbə]	Rechnungsnummer
invoice amount ['ɪnvɔɪs ə'maunt]	Rechnungsbetrag
check the invoice [tʃek ði: 'ɪnvɔɪs]	eine Rechnung überprüfen
invoice error ['ɪnvɔɪs 'erə]	Rechnungsfehler
pay an invoice [peɪ ən 'ɪnvɔɪs]	eine Rechnung begleichen
payment ['peɪmənt]	Zahlung
undercharge [ʌndə'tʃɑ:dʒ]	zu wenig berechnen
overcharge [əuvə'tʃɑ:dʒ]	zu viel berechnen
We were overcharged by €300.	Uns wurden € 300 zu viel berechnet.
amend an invoice [ə'mend ən 'ɪnvɔɪs]	eine Rechnung berichtigen
verify ['verɪfaɪ]	(nach)prüfen, belegen
verification [verɪfɪ'keɪʃən]	Überprüfung, Kontrolle, Nachweis
issue ['ɪʃu:]	ausgeben, veröffentlichen, ausstellen
The board issued its strategic report today.	Heute hat der Vorstand seinen strategischen Bericht veröffentlicht.
issue an invoice ['ɪʃu: ən 'ɪnvɔɪs]	eine Rechnung erstellen
date of issue [deɪt əv 'ɪʃu:]	Ausstellungsdatum, Ausgabetag
bill [bɪl]	Rechnung, in Rechnung stellen
remittance advice [rɪ'mɪtns 'ədvaɪs]	Überweisungsbescheid
unpaid [ʌn'peɪd]	unbezahlt
outstanding [aut'stændɪŋ]	ausstehend, unbezahlt
outstanding debts *pl* [aut'stændɪŋ dets]	Außenstände

owe [əʊ] — schulden
We still owe the bank one hundred pounds. — Wir schulden der Bank noch hundert Pfund.
receipt [rɪ'siːt] — Quittung, Beleg

4. Umsatz

turnover ['tɜːnəʊvə] — Umsatz, Fluktuation
Our turnover increased threefold last year. — Unser Umsatz hat sich letztes Jahr verdreifacht.
make a turnover [meɪk ə 'tɜːnəʊvə] — Umsatz machen
annual turnover ['ænjuəl 'tɜːnəʊvə] — Jahresumsatz
turnover forecast ['tɜːnəʊvə 'fɔːkɑːst] — Umsatzprognose
turnover increase ['tɜːnəʊvə 'ɪŋkriːs] — Umsatzanstieg
The turnover increase has been achieved by streamlining production and through cost-cutting. — Der Umsatzanstieg wurde durch eine Rationalisierung der Produktion und durch Kostenersparnisse erreicht.
increase in turnover ['ɪŋkriːs ɪn 'tɜːnəʊvə] — Umsatzanstieg
surplus ['sɜːplʌs] — Überschuss, überschüssig
decrease in turnover ['dɪkriːs ɪn 'tɜːnəʊvə] — Umsatzrückgang
annual surplus ['ænjuəl 'sɜːplʌs] — Jahresüberschuss
The annual surplus will be invested in capital goods. — Der Jahresüberschuss wird in Investitionsgüter investiert.
deficit ['defɪsɪt] — Defizit
acquire [ə'kwaɪə] — erwerben, erlangen
acquisition [ækwɪ'zɪʃən] — Erwerb, Ankauf
excess [ɪk'ses] — Überschuss
year-on-year [jɪəɒn'jɪə] — im Jahresvergleich, gegenüber dem Vorjahr
year of assessment [jɪə əv ə'sesmənt] — Steuerjahr

5. Gewinn und Verlust

profit ['prɒfɪt]	Gewinn, Profit, profitieren, Gewinn ziehen
We are hoping to profit from the increase in demand.	Wir hoffen, dass wir von der Nachfragesteigerung profitieren.
make a profit [meɪk ə 'prɒfɪt]	Gewinn machen
profitable ['prɒfɪtəbl]	rentabel, gewinnbringend
remunerative [rɪ'mju:nərətɪv]	einträglich, lukrativ
profitability [prɒfɪtə'bɪlətɪ]	Rentabilität, Ertragskraft
net profit [net 'prɒfɪt]	Nettogewinn
gross profit [grəʊs 'prɒfɪt]	Bruttogewinn
pre-tax profit ['pri:tæks 'prɒfɪt]	Gewinn vor Steuern
after-tax profit	Gewinn nach Steuern
profit margin ['prɒfɪt 'mɑ:dʒɪn]	Gewinnspanne
Our profit margins are healthy.	Unsere Gewinnspannen sind gut.
margin ['mɑ:dʒɪn]	Spanne, Marge, Grenze
We enjoy high margins thanks to efficient operating processes.	Wir haben große Margen dank effizienter Betriebsprozesse.
margin of error [mɑ:dʒɪn ɒv 'erə]	Fehlerspielraum
revenue ['revənju:]	Ertrag, Einkommen
marginal renevue ['mɑ:dʒɪnl 'revənju:]	Grenzertrag
marginal value ['mɑ:dʒɪnl 'vælju:]	Marginalwert
operating margin ['ɒpəreɪtɪŋ 'mɑ:dʒɪn]	Handelsspanne, Gewinnspanne
income ['ɪnkʌm]	Einkünfte, Einkommen
proceeds *pl* ['prəʊsi:dz]	Erlös, Ertrag
All proceeds from the event will go to charity.	Der komplette Erlös der Veranstaltung wird Wohltätigkeitsorganisationen gespendet.
earnings *pl* ['ɜ:nɪŋz]	Einkommen
receipts *pl* [rɪ'si:ts]	Einnahmen
gross receipts *pl* [grəʊs rɪ'si:ts]	Bruttoeinnahmen
yield [ji:ld]	Ertrag
equity ['ekwɪtɪ]	Eigenkapital
retain [rɪ'teɪn]	behalten, beibehalten

loss [lɒs]	Damnum, Verlust
lose [luːz]	verlieren
make a loss [meɪk ə ˈlɒs]	Verlust machen
severe losses *pl* [sɪˈvɪə ˈlɒsəs]	starke Verluste
profit and loss [ˈprɒfɪt ənd lɒs]	Gewinn und Verlust
profit and loss account [ˈprɒfɪt ənd lɒs əˈkaʊnt]	Ertragsrechnung
The profit and loss account shows a trading profit of $1.5 million.	Die Ertragsrechnung weist einen Geschäftsgewinn von 1,5 Mio. $ aus.
ratio [ˈreɪʃɪəʊ]	Verhältnis, Quote
exceed [ɪkˈsiːd]	übertreffen
evaluate [ɪˈvæljʊeɪt]	(ab)schätzen, bewerten
The costs and benefits must be evaluated.	Kosten und Nutzen müssen abgeschätzt werden.
profit mark-up [ˈprɒfɪt ˈmɑːkʌp]	Gewinnaufschlag
write off [raɪt ˈɒf]	vollständig abschreiben
We have written off a large amount of debt.	Wir haben viele Schulden abgeschrieben.
write-off [ˈraɪtɒf]	vollständige Abschreibung
special write-off [ˈspeʃl ˈraɪtɒf]	Sonderabschreibung
set-off [ˈsetɒf]	Aufrechnung
lossmaker [ˈlɒsmeɪkə]	Verlustgeschäft

i *Lossmaker* (Verlustgeschäft) darf nicht mit *loss leader* verwechselt werden. *Loss leader* (Lockvogelangebot) nennt man ein Produkt, das zu einem Schnäppchenpreis verkauft wird, um die Kunden ins Geschäft zu locken.

recoverable [rɪˈkʌvərəbl]	ersetzbar (Verluste), eintreibbar (Schulden)

i Außer den regulären *public holidays* (Feiertage) wie *Christmas*, *New Year* und *Easter*, gibt es auch in Großbritannien sogenannte *Bank Holidays* (öffentliche Feiertage): *May Day Bank Holiday* am 1. Mai, *Spring Bank Holiday* Ende Mai und *Summer Bank Holiday* im August.

weight [weɪt]	Gewicht
ton [tʌn]	Tonne
kilogram(me) [ˈkɪləʊgræm]	Kilogramm
pound [paʊnd]	Pfund
gram(me) [græm]	Gramm
meter [ˈmiːtə]	Maß, Zähler
litre [ˈliːtə]	Liter
pint [paɪnt]	Pint
gallon [ˈgælən]	Gallone
kilometre [ˈkɪləʊmiːtə]	Kilometer
metre *BE*, **meter** *AE* [ˈmiːtə]	Meter
centimetre [ˈsentɪmiːtə]	Zentimeter
millimetre [ˈmɪlɪmiːtə]	Millimeter

i Wenn es sich um das Längenmaß Meter handelt, schreibt man im britischen Englisch *metre* und im amerikanischen Englisch *meter.* Wenn es sich aber um einen Zähler (z.B. Gas- oder Wasserzähler, Parkuhr) handelt, schreibt man immer *meter*. Übrigens: Eine Politesse ist *a meter maid.*

mile [maɪl]	Meile
yard [jɑːd]	Yard
inch [ɪntʃ]	Zoll
foot [fʊt]	Fuß

i Obwohl in Großbritannien seit 1996 auch das metrische System gilt, wird nach wie vor das auch in Amerika gebräuchliche imperiale Maßsystem verwendet. Und die Flüsigkeitsmaße unterscheiden sich zudem zwischen den USA und dem Vereinigten Königreich.

So rechnet man um:

1 Meile	= 1,61 km	1 Fuß	= 30,48 cm
1 Yard	= 0,91 m	1 Zoll	= 2,54 cm
1 Pint (UK)	= 0,57 l	1 Pint (US)	= 0,47 l

Die Körpergröße wird in England und den USA in *foot* und *inch* gemessen.

John is 6 foot 1. — John ist 1,85 m groß.

	Deutsch	Britisch	Amerikanisch
A	Anton	Alfred	Abel
B	Berta	Benjamin	Baker
C	Cäsar	Charles	Charlie
D	Dora	David	Dog
E	Emil	Edward	Easy
F	Friedrich	Frederick	Fox
G	Gustav	George	George
H	Heinrich	Harry	How
I	Ida	Isaac	Item
J	Julius	Jack	Jig
K	Kaufmann	King	King
L	Ludwig	London	Live
M	Martha	Mary	Mike
N	Nordpol	Nelly	Nan
O	Otto	Oliver	Oboe
P	Paula	Peter	Peter
Q	Quelle	Queen	Queen
R	Richard	Robert	Roger
S	Siegfried	Samuel	Sugar
T	Theodor	Tommy	Tare
U	Ulrich	Uncle	Uncle
V	Viktor	Victor	Victor
W	Wilhelm	William	William
X	Xanthippe	X-Ray	X
Y	Ypsilon	Yello	Yoke
Z	Zeppelin	Zebra	Zebra
Ä	Ärger		
CH	Charlotte		
Ö	Ökonom		
SCH	Schule		
Ü	Übermut		

Chairman and Managing Director
Aufsichtsratsvorsitzende(r)/Vorstandsvorsitzende(r)

- **Marketing Director**
  Direktor(in) der Marketingabteilung
  - **Sales Manager**
    Vertriebsleiter(in)
  - **Customer Services Manager**
    Leiter(in) der Kundendienstabteilung
- **Personnel Director**
  Leiter(in) der Personalabteilung
  - **Office Manager**
    Geschäftsstellenleiter(in)
- **Company Secretary**
  Geschäftsführer(in)
  - **Chief Accountant**
    Leiter(in) der Buchhaltung
- **Technical Director**
  Technische(r) Direktor(in)
  - **R&D Manager**
    Leiter(in) Forschung und Entwicklung
- **Production Director**
  Fertigungsleiter(in)
  - **Factory Manager**
    Werksleiter(in)

Die deutschen Übersetzungen sind nur ungefähre Entsprechungen und können je nach Unternehmen variieren.

Rechtsformen

Deutschland	UK	USA
Aktiengesellschaft (AG)	joint-stock company, public limited company (plc)	(stock) corporation, public corporation (Inc.)
eingetragene Gesellschaft	registered company	incorporated company (Inc.)
eingetragene Genossenschaft (eG)	(registered) cooperative	(incorporated) cooperative
Einzelunternehmen	sole proprietor(ship), sole trader	sole proprietor(ship)
gemeinnützige Gesellschaft	non-profit organization	non-profit organization
Gesellschaft bürgerlichen Rechts (GbR)	civil-law company	civil-law company
Gesellschaft mit beschränkter Haftung (GmbH)	private limited company (Ltd., Limited)	close(d) corporation, limited liability company (LLC)
Kapitalgesellschaft	joint-stock company	corporation (Inc., incorporated)
Kommanditgesellschaft (KG)	limited partnership	limited (liability) partnership (LLP)
Kommanditgesellschaft auf Aktien (KGaA)	commercial partnership limited by shares	commercial partnership limited by shares
Offene Handelsgesellschaft (OHG)	general partnership	general partnership (GP)
öffentlich-rechtliche Gesellschaft	public-law corporation	public-law corporation
Personengesellschaft	partnership	partnership

Es gibt einige Wörter, die im Englischen und Deutschen ähnlich sind, aber eine ganz andere Bedeutung haben. Man nennt sie *false friends* (falsche Freunde). Auf einige wurde in den Infokästen schon hingewiesen.

Hier noch weitere Beispiele:

actually ≠ aktuell
actually = tatsächlich
aktuell = **current**

become ≠ bekommen
become = werden
bekommen = **get**

branch ≠ Branche
branch = Filiale, Zweigstelle
sector = **Branche**

chef ≠ Chef
chef = Koch
Chef = **boss, leader**

eventually ≠ eventuell
eventually = schließlich, endlich
eventuell = **possible, perhaps**

fabric ≠ Fabrik
fabric = Stoff, Textil
Fabrik = **factory, plant**

familiar ≠ familiär
familiar = bekannt, vertraut
familiär = **personal, informal**

formula ≠ Formular
formula = Formel
Formular = **form**

handy ≠ Handy
handy = handlich
Handy = **mobile (phone), cell phone**

local ≠ Lokal
local = örtlich, lokal
Lokal = **pub, bar**

map ≠ Mappe
map = Stadtplan, Karte
Mappe = **folder**

personal ≠ Personal
personal = persönlich, privat
Personal = **personnel**

prospect ≠ Prospekt
prospect = Aussicht, Chance
Prospekt = **brochure, leaflet**

rent ≠ Rente
rent = Miete
Rente = **pension**

spend ≠ spenden
spend = ausgeben, verbringen
spenden = **donate**

warehouse ≠ Warenhaus
warehouse = Lager
Warenhaus = **department store**

B

C

B

L

V

W

Y/Z

Englisch für den Beruf

Audio-CD mit Begleitbuch
ISBN 978-3-8174-7467-7

B1/B2

Fit für den Beruf

Einprägsame Dialoge zu typischen Gesprächssituationen und Arbeitsinhalten: Termine vereinbaren, Marketing, sich Geschäftspartnern vorstellen u.v.m.

Alle Texte mit deutscher Übersetzung im Begleitbuch

Mit Pausen zum Nachsprechen

Audio-CD mit Begleitbuch
ISBN 978-3-8174-8976-3

B2

Spannendes Hörerlebnis und Sprachtraining

Im Central Park wird die Vorsitzende eines führenden Investmentunternehmens ermordet. Madeline Mathews war eine Größe an der Wall Street. Hängt der Mord etwa mit ihrer Bank zusammen?

Lernkrimi Hörbuch inklusive vollständigem Text, Übungen und Vokabelangaben im Begleitbuch

Weitere Lernkrimis Business English:

Murder at the Office
ISBN 978-3-8174-7747-0